L'AFRIQUE ET SON DESTIN

LAMPARO

Contact auteur :
Tel. : 1-438 872 4321
Email : ajm@lamparo.org
Web : www.lamparo.org
Québec-Canada

Toutes les citations bibliques qui se trouvent dans cet ouvrage sont tirées de Louis Segond, Édition revue avec références.

Tout droit de reproduction et de traduction réservés.

Éditions à compte d'auteur

ISBN : **978-2-923727-61-5**   (2016)

Du même auteur;

L'alliance de mariage

La christologie

L'itinéraire authentique du salut

La christomancie

Spéciale dédicace à toute la jeunesse africaine du présent et du futur.

TABLE DES MATIÈRES

INTRODUCTION	9
1. L'ÉPOQUE DE LA CRÉATION	13
2. L'ANTIQUITÉ	21
3. LE MONDE ACTUEL	43
4. LES GOUVERNANTS	83
CONCLUSION	107

INTRODUCTION

Rien n'a été fait au hasard dans les cieux et sur la terre. Dieu avait soigneusement tout préparé avant la fondation du monde grâce à son esprit d'intelligence qui ne connaît point de limite. Et dans sa grande sagesse, il éprouva d'abord toutes ses créatures dans le domaine spirituel avant de proclamer leur existence physique.

Il réparti la terre avec ses ressources en fonction des capacités et des besoins de chaque peuple. Il rassembla les hommes selon leurs langues, leurs passions, leurs habitudes, leurs attitudes (envers Dieu), leurs tribus, leurs ethnies, leurs couleurs, leurs pays et leurs continents; et arrêta ses desseins sur toute chair en attribuant à chacun le fruit de sa passion. Il accommoda les commandements, les lois, les ordonnances et les préceptes, afin de réglementer la conduite de tous les hommes dans la voie de la justice et de la droiture.

Ensuite, il fit passer à l'essai toutes ses créatures dans le premier monde et écrivit le comportement de chacun sur les livres. Ceux dont il approuva la conduite ont leurs noms écrits dans le livre de vie de l'Agneau. Mais ceux qui s'obstinèrent à suivre la voie détournée et qui trouvèrent leur plaisir à servir les créatures physiques et spirituelles de Dieu, en lieu et place du créateur, ont reçu en partage toute sorte de souffrances, d'opprobres et de confusions avec pour fin la perdition.

Cependant, Dieu, qui est riche en bonté et en miséricorde ne cesse de leur tendre la main, afin de les sauver de la misère et de la mort. Car lorsque Dieu reprend l'homme qui est dans une mauvaise voie, c'est par la souffrance qu'il l'avertit; s'il se détourne de ses égarements pour suivre la voie tracée par Dieu, Dieu a compassion de lui et le délivre de sa misère, et sa vie s'épanouit au milieu des peuples.

Voilà ce que Dieu fait une fois, deux fois, trois fois avec tous les hommes. Ce qui se passe donc actuellement dans le monde n'est que la reproduction de ce que Dieu avait programmé dans le monde préhistorique.

CHAPITRE 1

L'ÉPOQUE DE LA CRÉATION

La création

La création de l'Univers et de l'Humanité est la période la plus ancienne et la plus longue de la protohistoire. C'est l'époque du commencement où Dieu fit premièrement l'étendue, il sépara les eaux qui étaient au-dessous de l'étendue d'avec celles qui étaient au-dessus. Et cela fut ainsi. Dieu appela l'étendue d'eau qui est au-dessus: ciel. Il dit: *que les eaux qui sont au-dessous du ciel se rassemblent en un seul lieu et que le sec paraisse.* Et cela fut ainsi.

Dieu appela le sec: **terre**, *et il appela l'amas des eaux:* **mers.** Puis, il proclama en six jours l'existence physique de toutes ses autres œuvres terrestres et célestes qu'il avait préparées dans l'abstrait avant la fondation du monde. Il fit ensuite l'homme à son image, selon sa ressemblance afin qu'il soit après lui, le dominateur de l'univers.

La sagesse de Dieu

Après avoir tout créé, Dieu mit tout son dispositif en branle. Mais il visionna dorénavant dans la sphère céleste, le comportement de chacune de ses créatures, et les actes individuels de chaque être humain, depuis Adam, jusqu'au dernier homme (Psaumes 139 : 16; Jérémie 1: 5).

Ayant descellé en l'homme des valeurs et une grande capacité de nuisance, il l'entoura des eaux, afin de stopper net ses élans disproportionnés de curiosité, et de limiter son champ d'action.

Dieu découvrit aussi les passions de chacun dans le bien tout comme dans le mal et il les leur imputa à dessein. C'est à partir de leurs agissements qu'il apprêta ses commandements, ses lois, ses ordonnances et ses prescriptions, afin de régler la conduite morale des hommes, en donnant la force à sa justice aux yeux de tous les humains lors du jugement.

Il mit en rodage dans le monde matériel, tout l'effectif humain qu'il avait créé pour animer la terre. Il enregistra dans le livre de vie de l'Agneau, les noms des hommes et des femmes dont la conduite fut passable; ceux-là sont les élus de Dieu qui hériteront la nouvelle terre destinée aux saints en Christ. Le reste fut réservé pour l'étang ardent de feu qui dévorera les impies. Ainsi, Dieu scella dans ses trésors tout ce qu'il avait trouvé en l'homme, de sorte que rien ne puisse disparaître ni s'ajouter sur ce qu'il avait arrêté d'avance selon sa prescience (Ecclésiaste 3 : 14).

C'est à base de ces choses que Dieu conçut l'Évangile pour séparer dans l'avenir, ses amis de ses ennemis. Mais aucun homme ne connaît d'avance son destin, car Dieu accorde à tous l'égalité de chance par le libre arbitre.

Si dans la vie présente, un homme souffre ou est heureux, il assume son choix, car c'est ce qu'il mérite à juste titre, parce qu'il avait aimé et choisi lui-même le mode de vie qu'il mène aujourd'hui, avant son arrivée sur la terre et Dieu n'a fait que valider son choix. C'est pour cela que Dieu dit à Jérémie: *avant que je t'eusse formé dans le ventre de ta mère, je te connaissais, et avant que tu fusses sorti de son sein, je t'avais consacré, je t'avais établi prophète des nations.* Jérémie 1 : 5.

Un homme ne peut donc recevoir sur la terre que ce qui lui avait été attribué à dessein dans les cieux. C'est de cette façon que Dieu accomplit sa justice, il ne fait point de discrimination, mais il rend à chacun selon le fruit de ses œuvres, et applique ainsi ses arrêts.

La vie que nous menons ici-bas, jusqu'à ses moindres détails, avait déjà été vécue par nous. Ce qui se produit maintenant n'est que la mise en scène de ce qui avait été enregistré par l'Éternel. Il n'y a rien de nouveau, selon qu'il est écrit: *ce qui a été, c'est ce qui sera et ce qui s'est fait, c'est ce qui se fera, et il n'y a rien de nouveau sous le soleil. S'il est une chose dont on dise: vois ceci, c'est nouveau! Cette chose existait déjà dans les siècles qui nous ont précédés. On ne se souvient pas de ce qui est ancien; et ce qui arrivera dans la suite ne laissera pas de souvenir chez ceux qui vivront plus tard.* Ecclésiaste 1 : 9-11.

Ce qui est a déjà été, et ce qui sera a déjà été, et Dieu ramène ce qui est passé. Ecclésiaste 3 : 15.

Ce qui existe a déjà été appelé par son nom; et l'on sait que celui qui est homme ne peut contester avec un plus fort que lui. Ecclésiaste 6 : 10.

La répartition de la terre et de ses richesses

Lorsque Dieu créa le monde, la terre n'était point divisée comme de nos jours. C'était un bloc en forme de cercle parsemée de cours d'eaux. Il mit dans le sous-sol, toutes les ressources naturelles qu'il avait créées pour les besoins futures de l'homme. Il fit pousser la verdure sur le sol et mit en place son écosystème pour animer les forêts et les savanes.

Il remplit les mers de poissons, d'animaux et de plantes aquatiques. Il fit des luminaires petits et grands. Enfin, il assujetti à l'homme toute la terre, et lui fit connaître intentionnellement l'arbre de la connaissance du bien et du mal, qui servait à ouvrir l'intelligence et pouvant faire de l'homme un dieu parmi les dieux; mais il lui fit aussi une interdiction formelle de ne point en toucher. (Genèse 2 : 16-17).

L'homme et sa femme restèrent fidèles à Dieu jusqu'à un certain temps, mais lorsque vint le moment de traverser la puberté, le mauvais esprit qui cohabitait discrètement avec eux sur la terre et que Dieu avait fait passer sous leur domination à cause de ses maladresses envers l'Éternel dans le royaume des cieux, profita de cette période de fougue où l'homme rêve en couleur pour le pousser à la désobéissance et le conduire irrésistiblement à la déviance, afin de reprendre son ascendance sur lui. Il initia ainsi l'homme dans la connaissance du bien et du mal. (Genèse 3 : 1-6).

L'homme perdit son pouvoir de domination sur les créatures de la terre et devint esclave de Satan. Dieu renferma toutes ses générations dans la désobéissance pour faire encore miséricorde à tous, en cas de reprise de conscience. (Romains 11 : 32).

Cette époque-là fut celle où Dieu éprouva tous les êtres qu'il avait faits. Il vit leurs grandes réalisations, leurs grandes inventions, leurs technologies, leurs sciences, leurs pratiques bénéfiques et maléfiques, et tout ce dont ils étaient capables de faire.

Après avoir passé en revue tous les hommes, depuis le premier jusqu'au dernier, Dieu se décida à tourner la page du premier monde pour laisser place au second. Mais parmi les hommes de ce monde-là, seul Noé trouva grâce aux yeux de l'Éternel. Car il était un homme juste et intègre, dans son temps, et il marchait avec Dieu.

Noé engendra trois fils: **Sem, Cham et Japhet.** La terre était corrompue devant Dieu, la terre était pleine de violence. Dieu regarda la terre, et voici, elle était corrompue; car toute chair avait corrompu sa voie sur la terre. Alors Dieu dit à Noé: *la fin de toute chair est arrêtée par devers moi; car ils ont rempli la terre de violence; voici, je vais les détruire avec la terre. Fais-toi une arche de bois de Gopher.*

Et moi, je vais faire venir le déluge d'eau sur la terre, pour détruire toute chair ayant souffle de vie sous le ciel; tout ce qui est sur la terre périra. Mais j'établis mon alliance avec toi; tu entreras dans l'arche, toi et tes fils, ta femme et les femmes de tes fils, avec toi. De tout ce qui vit, de toute chair, tu feras entrer dans l'arche deux de chaque espèce, pour les conserver en vie avec toi: il y aura un mâle et une femelle. Et toi, prends de tous les aliments que l'on mange, et fais-en une provision auprès de toi, afin qu'ils te servent de nourriture ainsi qu'à eux.

Noé exécuta tout ce que Dieu lui avait ordonné. Et l'Éternel lui dit: *entre dans l'arche, toi et toute ta maison; car je t'ai vu juste devant moi parmi cette génération.*

Et les eaux du déluge furent sur la terre jusqu'à l'extermination de toute chair. Dieu se souvint de Noé, de tous les animaux et de tout le bétail qui étaient avec lui dans l'arche; et il fit passer un vent sur la terre, et les eaux s'apaisèrent. Les sources de l'abîme et les écluses des cieux furent fermées, et la pluie ne tomba plus du ciel. Et les eaux se retirèrent de dessus la terre. Genèse 6 v 8 à 8 v 3.

Le déluge avait apporté beaucoup de bouleversements et d'innovations: *la terre qui était auparavant un seul bloc, fut divisée en puzzle.* Dieu distribua ses ressources naturelles et ses cours d'eaux en tenant compte de la conduite spirituelle qu'il avait découvert sur les uns et les autres, et selon les besoins des habitants qui devaient occuper cette contrée. Ceux des hommes qui s'étaient montrés éveillés d'esprit reçurent seulement l'intelligence et la sagesse avec peu de minerais. Ceux qui se passionnèrent aux choses de néant reçurent en partage: *les déserts et les forêts denses avec plus ou moins de minerais.*

Bref, Dieu fit la répartition de son monde et le regroupement de ses habitants en fonction des attitudes des uns et des autres vis-à-vis de son autorité. Ce qui explique l'aspect morphologique et la couleur de peau de chaque peuple.

Grâce au libre arbitre manifesté par son esprit de sagesse, Dieu acheva ainsi son expérimentation sur ses créatures. Seule la maison du juste Noé et les êtres qui furent avec lui dans l'arche réussirent la transition du monde de la préhistoire au monde de l'antiquité.

CHAPITRE 2

L'ANTIQUITÉ

L'antiquité est une période qui a marqué la fin de la vie de l'homme dans l'anarchie, et le début de sa civilisation spirituelle par de saints commandements; de saintes lois; de saintes ordonnances et de saints préceptes donnés par Dieu.

L'alliance de Dieu avec Noé

Noé et ses trois fils: *Sem, Cham et Japhet sont les ancêtres du monde de l'antiquité.*

Lorsque Dieu ordonna à Noé de sortir de l'arche avec sa famille et tous les animaux qui y étaient avec lui, Noé bâtit un autel à l'Éternel, et il y offrit des holocaustes. L'Éternel sentit une odeur agréable, et il dit en son cœur:

je ne maudirai plus la terre à cause de l'homme, parce que les pensées de son cœur sont mauvaises dès sa jeunesse; et je ne frapperai plus tout ce qui est vivant, comme je l'ai fait. Tant que la terre subsistera, les semailles et la moisson, le froid et la chaleur, l'été et l'hiver, le jour et la nuit ne cesseront point.

Dieu bénit Noé et ses fils, et leur dit: *soyez féconds, multipliez et remplissez la terre. Vous serez un sujet de crainte et d'effroi pour tout animal de la terre, pour tout oiseau du ciel, pour tout ce qui se meut sur la terre, et pour tous les poissons de la mer: ils sont livrés entre vos mains. Tout ce qui se meut et qui a vie vous servira de nourriture: je vous donne tout cela, comme l'herbe verte. Seulement, vous ne mangerez point de chair avec son âme, avec son sang. Sachez-le aussi, je redemanderai le sang de vos âmes, je le redemanderai à tout animal; et je redemanderai l'âme de l'homme à l'homme, qui es son frère. Si quelqu'un verse le sang de l'homme, par l'homme son sang sera versé; car Dieu a fait l'homme à son image.* Genèse 8 : 20 à 9 : 6.

Dans le monde de l'antiquité, Dieu n'assujettit plus les richesses de la terre à l'homme comme au temps d'Adam. Car ce pouvoir-là revenait de droit à Satan qui le lui avait enlevé par la ruse, et Dieu le lui conféra d'office (Luc 4 : 6-7).

Toutefois, Dieu dit à Noé et ses fils: *voici, j'établis mon alliance avec vous et avec votre postérité après vous; avec tous les êtres vivants qui sont avec vous, tant les oiseaux que le bétail et tous les animaux de la terre, soit avec tous ceux qui sont sortis de l'arche, soit avec tous les animaux de la terre. J'établis mon alliance avec vous: aucune chair ne sera plus exterminée par les eaux du déluge, et il n'y aura plus de déluge pour détruire la terre.*

C'est ici le signe de l'alliance que j'établis entre moi et vous, et tous les êtres vivants qui sont avec vous, pour les générations à toujours: j'ai placé mon arc dans la nue, et il servira de signe d'alliance entre moi et la terre. Quand j'aurai rassemblé des nuages au-dessus de la terre, l'arc paraîtra dans la nue; et je me souviendrai de mon alliance entre moi et vous, et tous les êtres vivants, de toute chair, et les eaux ne deviendront plus un déluge pour détruire toute chair. L'arc sera dans la nue; et je le regarderai, pour me souvenir de l'alliance perpétuelle entre Dieu, et tous les êtres vivants, de toute chair qui est sur la terre. Tel est le signe de l'alliance que j'établis entre moi et toute chair qui est sur la terre. Genèse 9 : 8-17.

La conduite des trois fils de Noé

Noé commença à cultiver la terre et planta la vigne. Il but du vin, s'enivra, et se découvrit au milieu de sa tente. Cham, père de Canaan, vit la nudité de son père, et il le rapporta dehors à ses deux frères. Alors Sem et Japhet prirent le manteau, le mirent sur leurs épaules, marchèrent à reculons, et couvrirent la nudité de leur père. Comme leur visage était détourné, ils ne virent point la nudité de leur père.

Lorsque Noé se réveilla de son vin, il apprit ce que lui avait fait son fils cadet, et il dit: *maudit soit Canaan! Qu'il soit l'esclave des esclaves de ses frères! Il dit encore: béni soit l'Éternel, Dieu de Sem, et que Canaan soit leur esclave! Que Dieu étende les possessions de Japhet, qu'il habite dans les tentes de Sem, et que Canaan soit leur esclave!* Genèse 9 : 20-27.

Cette malédiction prononcée contre Canaan suscite à mon avis beaucoup d'indignations. Comment se fait-il que le père mange des raisins verts et les dents d'un seul de ses fils en soient agacées, tandis que les trois autres sont exemptés? Certainement Dieu avait des comptes à régler avec Canaan.

C'est donc par les trois fils de Noé, que Dieu ramena à la vie, tous les hommes du premier monde qu'il avait exterminés par les eaux du déluge, en les réincarnant progressivement, pour les faire passer par l'école de la loi, afin de réformer leur mentalité qui autrefois avait laissée à désirer.

Avant de le faire, Dieu effaça dans la conscience de chacun, le souvenir de sa vie antérieure, et l'introduisit dans le deuxième monde par le canal d'une grossesse, et la naissance. Car il n'y a rien de nouveau sur la terre, Dieu ramène ce qui a déjà existé.

La conduite de Cham envers son père Noé est tout naturellement la reproduction de ce qui s'était passé contre Dieu lui-même dans le monde qu'il avait expérimenté. Car il avait dévoilé tous ses secrets spirituels (positifs et négatifs) aux hommes par la connaissance du bien et du mal. C'est à partir de là qu'il avait découvert les bons et les mauvais penchants des uns et des autres à son égard. Et ce sont ses ennemis qu'il avait regroupés en Canaan, de la postérité de Cham, qui avaient été les premiers à découvrir Dieu, à rejeter son côté positif pour s'attacher à son côté négatif et à l'enseigner aux autres hommes.

La malédiction prononcée par le Créateur contre les ennemis du bien en ce temps-là est la même prononcée par Noé dans le monde antique, étant conduit par l'esprit de l'Éternel, afin que ce qu'il avait arrêté d'avance eut son accomplissement au milieu des hommes.

C'est par cette malédiction prononcée par Dieu en la personne de Noé que les mondes antique et actuel connaissent des inégalités sociales entre les hommes et entre les continents.

Voici en quelque sorte le rapprochement de ce qui précède: *Noé représente Dieu, le Père et créateur.*

La postérité de Noé: ***Sem, Cham et Japhet représentent trois continents qui ont rempli toute la terre.***

Sem représente: *l'orient.*

Cham représente: ***le Midi ou l'Afrique blanche et noire*** (l'Égypte).

Japhet représente: ***l'occident ou l'Europe*** (l'Assyrie).

Cultiver la terre: ***Dieu prépara à chaque peuple un territoire selon ses ethnies, ses tribus et ses langues.***

Planter la vigne: ***Dieu mit chaque peuple sur le territoire qui lui était réservé.***

Boire du vin, s'enivrer, et se découvrir au milieu de sa tente: ***Dieu, dans sa joie, fit découvrir à tous ses enfants, son côté mystérieux.***

L'Afrique choisit le mystère des ténèbres

Cham, l'africain et sa postérité trouvèrent les mystères de Dieu avant les autres hommes. Ils se mirent à divulguer les mystères des ténèbres (le mal ou le côté négatif) à leurs frères, au grand mépris des mystères de la lumière (le bien).

Mais les postérités de Sem et de Japhet, saisies d'une crainte respectueuse envers Dieu, prirent soin de couvrir ses mystères négatifs pour n'exposer que les positifs.

Lorsque Dieu (le libre arbitre), après son semblant d'ivresse, sut quelle était l'attitude des uns et des autres envers ses mystères, il maudit son ennemi Canaan, le dernier fils de Cham (Psaumes 105 : 23), parce qu'il avait montré son attachement aux œuvres infructueuses des ténèbres au détriment des œuvres de lumière. Mais Dieu épargna les trois autres fils de Cham.

Il donna le gros de la bénédiction à Sem (l'intelligence et la sagesse), il accorda de grandes possessions (les richesses) à Japhet et le mit sous la protection de Sem malgré que ce dernier habite majoritairement au milieu de Japhet. Ainsi fut décidé le sort du monde et de ses habitants.

Tous les trois fils de Noé furent très féconds et avaient tous une seule langue et les mêmes mots. Comme ils étaient partis de l'orient, ils trouvèrent une plaine au pays de Schinear, et ils y habitèrent. Ils se dirent l'un à l'autre :

allons bâtissons-nous une ville et une tour donc le sommet touche au ciel, et faisons-nous un nom, afin que nous ne soyons pas dispersés sur la face de toute la terre. L'Éternel descendit pour voir la ville et la tour que bâtissaient les fils des hommes.

Et l'Éternel dit: *voici ils forment un seul peuple et ont tous une même langue, et c'est là ce qu'ils ont entrepris; maintenant rien ne les empêcherait de faire tout ce qu'ils auraient projeté. Allons! Descendons, et là confondons leur langage, afin qu'ils n'entendent plus la langue les uns les autres.*

Et l'Éternel les dispersa loin de là sur la face de toute la terre; et ils cessèrent de bâtir la ville. C'est pourquoi on l'appela du nom de Babel, car c'est là que l'Éternel confondit le langage de toute la terre, et c'est de là que l'Éternel les dispersa sur la face de toute la terre. Genèse 11 : 1-9.

Ce fut au prix de l'effort de guerre et de résistance que chaque peuple a réussi à se tailler une place sur le territoire qu'il occupe aujourd'hui. Mais Dieu laissa chacune de ces nations servir les dieux de son choix. Selon qu'il est écrit: *ce Dieu, dans les âges passés, a laissé toutes les nations suivre leurs propres voies. Quoiqu'il n'ait cessé de rendre témoignage de ce qu'il est.* Actes 14 : 16-17.

En ce temps-là, la peau noire n'existait pas encore parmi les hommes, tous étaient blancs. Cham, le père de Canaan s'installa en Égypte (Psaumes 105 : 23), où il explora toutes les profondeurs du monde des ténèbres, qui sont en usage dans le monde entier, à savoir: *la pratique de la sorcellerie, des tabous, des coutumes et traditions sataniques, les pratiques occultes, les enchantements, la magie, la divination, l'astrologie, le culte des morts, la nécromancie et les sectes pernicieuses selon leur diversité.* Toutes ces pratiques sont nées en Égypte. Canaan et sa postérité s'éparpillèrent dans le Proche et le Moyen-Orient. (Genèse 10 : 15-19).

Sem occupa tout le reste de l'orient. C'est de chez lui que la connaissance de Dieu selon la lumière vint dans le monde. (Genèse 10 : 30).

Japhet quant à lui occupa l'occident. C'est par ses descendants qu'ont été peuplées les îles des nations selon leurs terres, selon la langue de chacun, selon leurs familles et selon leurs nations. (Genèse 10 : 5).

C'est également par eux que la parole du Dieu d'Israël a été propagée dans le monde. Cependant, la postérité de Cham fut la première puissance du monde dans l'antiquité à cause de ses multiples connaissances spirituelles des ténèbres.

La civilisation spirituelle du monde antique

Lorsque Dieu résolut de civiliser le monde par sa loi, il choisit dans la postérité de Sem, un homme fidèle, au cœur rempli de foi.

Dieu apparut à Abraham, lorsqu'il était en Mésopotamie, avant qu'il ne s'établit à Charran; et il lui dit: *quitte ton pays et ta famille, et va dans le pays que je te montrerai.*

Abraham sortit du pays des Chaldéens et s'établit à Charran. De là, après la mort de son père, Dieu le fit passer dans le pays de Canaan. Il ne lui donna aucune propriété en ce pays, pas même de quoi poser le pied, mais il promit de lui en donner la possession, et à sa postérité après lui, quoiqu'il n'eut point d'enfant.

Dieu lui parla ainsi: *ta postérité séjournera dans un pays étranger; on la réduira en servitude et on la maltraitera pendant quatre cents ans. Mais la nation à laquelle ils auront été asservis, c'est moi qui la jugerai. Après cela, ils sortiront, et ils me serviront dans ce lieu-ci.*

Puis Dieu donna à Abraham l'alliance de la circoncision; et ainsi, Abraham, ayant engendré Isaac, le circoncit le huitième jour, Isaac engendra et circoncit Jacob, et Jacob les douze patriarches. Les patriarches jaloux de Joseph, le vendirent pour être emmené en Égypte. Mais Dieu fut avec lui, et le délivra de toutes ses tribulations; il lui donna de la sagesse et lui fit trouver grâce devant Pharaon, roi d'Égypte, qui l'établit gouverneur d'Égypte et de toute sa maison.

Il survint une famine dans tout le pays d'Égypte, et dans celui de Canaan. La détresse était grande, et les enfants d'Israël ne trouvaient pas de quoi se nourrir. Jacob apprit qu'il y avait du blé en Égypte, et il y envoya ses fils une première fois. Et la seconde fois, Joseph fut reconnu par ses frères, et Pharaon sut de quelle famille il était.

Puis Joseph envoya chercher son père Jacob, et toute sa famille, composée de soixante quinze personnes. Jacob descendit en Égypte, où il mourut, ainsi que ses fils; et ils furent transportés à Sichem, et déposés dans le sépulcre qu'Abraham avait acheté à prix d'argent, des fils d'Hamor, père de Sichem.

Le temps approchait où devait s'accomplir la promesse que Dieu avait faite à Abraham, et le peuple s'accrut et se multiplia en Égypte, jusqu'à ce que parut un autre roi, qui n'avait pas connu Joseph. Ce roi, usant d'artifice contre les descendants d'Israël, les maltraita au point d'exposer leurs enfants, pour qu'ils ne vécussent pas.

A cette époque, naquit Moïse qui était beau aux yeux de Dieu. Il fut nourri trois mois dans la maison de son père; et quand il eut été exposé, la fille de Pharaon le recueillit, et l'éleva comme son fils.

Moïse fut instruit dans toute la sagesse des égyptiens, et il était puissant en parole et en œuvres. Il avait quarante ans, lorsqu'il lui vint dans le cœur, de visiter ses frères, les fils d'Israël. Il en vit un qu'on outrageait, et, prenant sa défense, il vengea celui qui était maltraité, et frappa l'égyptien. Il pensait que ses frères comprendraient que Dieu leur accordait la délivrance par sa main; mais ils ne comprirent pas.

Le jour suivant, il parut au milieu d'eux comme ils se battaient, et il les exhorta à la paix: *hommes, dit-il, vous êtes frères; pourquoi vous maltraitez-vous l'un l'autre?* Mais celui qui maltraitait son prochain le repoussa, en disant: *qui t'a établi chef et juge sur nous? Veux-tu me tuer, comme tu as tué hier l'égyptien?*

A cette parole, Moïse prit la fuite, et alla séjourner dans le pays de Madian, où il engendra deux fils. Quarante ans plus tard, un ange lui apparut, au désert de la montagne de Sinaï, dans la flamme d'un buisson en feu, Moïse, voyant cela, fut étonné de cette apparition; et, comme il s'approchait pour examiner, la voix du

Seigneur se fit entendre: *je suis le Dieu de tes pères, le Dieu d'Abraham, d'Isaac et de Jacob.* Et Moïse, tout tremblant, n'osait regarder. Le Seigneur lui dit: *ôte tes souliers de tes pieds, car le lieu sur lequel tu te tiens est une terre sainte. J'ai vu la souffrance de mon peuple qui est en Égypte, j'ai entendu ses gémissements, et je suis descendu pour le délivrer. Maintenant, va, je t'enverrai en Égypte.*

Ce Moïse, qu'ils avaient renié, en disant: *qui t'a établi chef et juge?* C'est lui que Dieu envoya comme chef et comme libérateur avec l'aide de l'ange qui lui était apparu dans le buisson. Actes 7 : 2-35.

Pour anéantir la puissance dominatrice égyptienne, Dieu fit séjourner son peuple en Égypte; il suscita du milieu d'eux Moïse, et le conduisit comme espion dans le palais des Pharaons pour qu'il accède à tous les secrets qui faisaient la force des égyptiens. Dès qu'il devint puissant en paroles et en œuvres, Dieu le fit encore partir à Madian vers un sacrificateur pour qu'il apprenne aussi les œuvres de lumière.

Lorsque Dieu vit qu'il maîtrisait parfaitement les deux forces, et qu'il était capable de contrecarrer les enchantements égyptiens, il lui donna l'ordre d'aller libérer ses frères en Égypte. Parmi les prophètes, Moïse fut le seul à être estimé à la fois par la gauche et par la droite de Dieu. C'est pourquoi son corps fut disputé entre ces deux parties de l'Éternel. (Jude 1 : 9).

Moïse se rendit en Égypte comme le Seigneur le lui avait ordonné. Dieu opéra des miracles et des prodiges contre Pharaon, contre tous ses serviteurs et contre tout son peuple, parce qu'il savait avec quelle méchanceté ils avaient traité Israël, et il fit paraître sa gloire comme elle paraît aujourd'hui.

Il fendit la mer devant eux et ils passèrent à sec au milieu de la mer; mais il précipita dans l'abîme, comme une pierre au fond des eaux, ceux qui marchaient à leur poursuite. Il les guida le jour par une colonne de nuée, et la nuit par une colonne de feu qui les éclairait dans le chemin qu'ils avaient à suivre.

Il descendit sur la montagne de Sinaï, il leur parla du haut des cieux, et il leur donna des ordonnances justes, des lois de vérité, des préceptes et des commandements excellents. Il leur fit connaître son saint sabbat, et il leur prescrivit par Moïse, son serviteur, des commandements, des préceptes et une loi. Il leur donna, du haut des cieux, du pain quand ils avaient faim, et il fit sortir de l'eau du rocher quand ils avaient soif. Et il leur dit d'entrer en possession du pays qu'il avait juré de leur donner. Néhémie 9 : 10-15.

La postérité de Sem, par Abraham, Isaac et Jacob via Moïse, fut la première nation dans le monde à posséder à la fois les deux puissances de Dieu (les ténèbres et la lumière). Moïse mit les deux par écrit pour les générations futures des enfants d'Israël, et personne ne pouvait les résister.

Mais les enfants d'Israël se livrèrent à l'orgueil et raidirent leur cou. Ils n'écoutèrent point ses commandements, ils refusèrent d'obéir, et ils mirent en oubli les merveilles que

Dieu avait faites en leur faveur. Ils raidirent leur cou; et, dans leur rébellion, ils se donnèrent un chef pour retourner à leur servitude.

Mais Dieu, étant un Dieu prêt à pardonner, compatissant et miséricordieux, lent à la colère et riche en bonté, ne les abandonna pas, même quand ils se firent un veau en fonte et dirent: *voici ton Dieu qui t'a fait sortir d'Égypte, et qu'ils se livrèrent envers lui à de grands outrages.*

Dans son immense miséricorde, Dieu ne les abandonna pas au désert, et la colonne de nuée ne cessa point de les guider le jour dans leur chemin, ni la colonne de feu de les éclairer la nuit dans le chemin qu'ils avaient à suivre.

Il leur donna son bon esprit pour les rendre sages, il ne refusa point sa manne à leur bouche, et il leur fournit de l'eau pour leur soif. Pendant quarante ans, il pourvu à leur entretien dans le désert, et ils ne manquèrent de rien, leurs vêtements ne s'usèrent point, et leurs pieds ne s'enflèrent point.

Dieu leur livra des royaumes et des peuples, dont il partagea entre eux les contrées, et ils possédèrent le pays de Sihon, roi de Hesbon, et le pays d'Og, roi de Basan.

Il multiplia leurs fils comme les étoiles des cieux, et il les fit entrer dans le pays dont il dit à leurs pères qu'ils prendraient possession. Et leurs fils entrèrent et prirent possession du pays; il humilia devant eux les habitants du pays, les Cananéens, et il les livra entre leurs mains, avec leurs rois et les peuples du pays, pour qu'ils les traitassent à leur gré.

Ils devinrent maîtres des villes fortifiées et des terres fertiles; ils possédèrent des maisons remplies de toutes sortes de biens, des citernes creusées, des vignes, des oliviers, et des arbres fruitiers en abondances; ils mangèrent, ils se rassasièrent, ils s'engraissèrent, et ils vécurent dans les délices par sa grande bonté.

Néanmoins, ils se soulevèrent et se révoltèrent contre Dieu, ils jetèrent sa loi derrière leur dos. Ils tuèrent ses prophètes, qui les conjuraient de revenir à lui, et ils se livrèrent envers lui à de grands outrages.

Alors Dieu les abandonna entre les mains de leurs ennemis, qui les opprimèrent. Mais au temps de leur détresse, ils crièrent à Dieu; et Dieu les entendit du haut des cieux, et, dans sa grande miséricorde, il leur donna des libérateurs qui les sauvèrent de la main de leurs ennemis.

Quand ils eurent du repos, ils recommencèrent à faire le mal devant Dieu. Alors il les abandonna entre les mains de leurs ennemis, qui les dominèrent. Mais de nouveau, ils crièrent à Dieu; et Dieu les entendit du haut des cieux, et, dans sa grande miséricorde, il les délivra maintes fois.

Dieu les conjura de revenir à sa loi; et ils persévérèrent dans l'orgueil, ils n'écoutèrent point ses commandements, ils péchèrent contre ses ordonnances, qui font vivre celui qui les met en pratique, ils eurent une épaule rebelle, ils raidirent leur cou, et ils n'obéirent point.

Dieu les supporta de nombreuses années, il leur donna des avertissements par son esprit, par ses prophètes, et ils ne prêtèrent point l'oreille. Alors Dieu les livra entre les mains des peuples étrangers. Mais dans sa grande miséricorde, il ne les anéantit pas, et il ne les abandonna pas, car il est un Dieu compatissant et miséricordieux. Néhémie 9 : 11-31.

L'origine de la peau noire

L'expulsion des Cananéens, peuple maudit de l'Éternel, les força à revenir s'installer dans le pays de leur père, au sud du Sahara. Les uns héritèrent les terres arides et d'autres, la forêt équatoriale.

Dieu transforma leur malédiction en fléaux; il versa sa coupe remplie de colère sur le soleil (côté des Cananéens), et il lui fut donné de brûler les hommes par le feu; et les hommes furent brûlés par une grande chaleur, et ils blasphémèrent le nom du Dieu qui a l'autorité sur ces fléaux, et ils ne se repentirent pas pour lui donner gloire. Apocalypse 16 : 8-9.

Et le tiers du soleil fut frappé, et le tiers de la lune, et le tiers des étoiles, afin que le tiers en fût obscurci, et que le jour perdit un tiers de sa clarté, et la nuit de même. Apocalypse 8 : 12.

Le tiers du soleil, de la lune, et des étoiles dont il est question ici, c'est: *les hommes, les femmes et les enfants des Cananéens.* (Genèse 37 : 9-10).

C'est pourquoi il est écrit: *je suis noire, mais je suis belle, filles de Jérusalem, comme les tentes de Kédar, comme les pavillons de Salomon. Ne prenez pas garde à mon teint noir: c'est le soleil qui m'a brûlée. Les fils de ma mère se sont irrités contre moi, ils m'ont faite gardienne des vignes* (esclave). *Ma vigne à moi, je ne l'ai pas gardée.* Cantique des cantiques 1 : 5-6.

La peau noire existe donc depuis l'antiquité, et son origine vient de l'Éthiopie. Car il est écrit: *un Éthiopien peut-il changer sa peau?* Jérémie 13 : 23.

Cette fournaise poussa certains de ce peuple à se transporter métaphysiquement sous d'autres cieux; dans certaines îles éloignées du monde, où ils s'y établirent et se multiplièrent; outre les réchappés de l'esclavage; mais la couleur de leur peau demeura intacte, le reste se dispersa au sud du Sahara et furent encore plus noircis et défigurés par l'intense canicule.

Voilà l'origine de la peau noire. Car Dieu n'a point crée d'homme noir, mais il l'a fait devenir noir, par l'effet de la chaleur brulante du soleil à cause de son refus de rendre gloire à la majesté divine. Et Dieu le rendit esclave de tous ses frères, selon qu'il est écrit: *de même que mon serviteur Ésaïe marche nu et déchaussé, ce qui sera dans trois ans un signe et un présage pour l'Égypte et pour l'Éthiopie, de même le roi d'Assyrie emmènera de l'Égypte et de l'Éthiopie captifs, exilés les jeunes hommes et les vieillards, nus et déchaussés, et le dos découvert, à la honte de l'Égypte* (la traite négrière). Ésaïe 20 : 3-4.

Dieu obscurcit aussi son intelligence et sa sagesse afin d'empêcher son développement. Car il est écrit: *l'Éternel a répandu au milieu d'elle un esprit de vertige, pour qu'il fasse chanceler les égyptiens dans tous leurs actes, comme un homme ivre chancelle en vomissant. Et l'Égypte sera hors d'état de faire ce que font la tête et la queue* (Sem et Japhet), *la branche de palmier et le roseau. En ce jour, l'Égypte sera comme des femmes: elle tremblera et aura peur, en voyant s'agiter la main de l'Éternel des armées, quand il la lèvera contre elle.* Ésaïe 19 : 14-16.

L'abandon des enfants d'Israël par l'Éternel au milieu des peuples étrangers, favorisa la découverte du Dieu tout-puissant. Chaque nation à cette époque-là avait ses propres croyances et ses interdits. Mais ces choses n'étaient pas toutes agréables aux yeux de l'Éternel, raison pour laquelle, il choisit un seul peuple et lui enseigna la loi universelle valable pour tous les peuples de toutes les langues. Et il fit de son peuple une race élue, un sacerdoce royal, une nation sainte, un peuple acquis, afin qu'ils annonçassent les vertus de celui qui les avait appelé des ténèbres à son admirable lumière.

Étant devenu un royaume des sacrificateurs, Dieu les dispersa parmi les nations païennes pour préparer long-temps à l'avance l'avenue du Messie sur la terre, en prêchant les voies justes et droites de Dieu, en parole et en conduite dans leurs lieux de déportation.

Les hommes tels qu'Esdras, Néhémie, Mardochée, Daniel et bien d'autres furent des modèles de référence. Ils forcèrent l'admiration des puissants rois qui gouvernaient le monde de leurs époques à rendre gloire à l'Éternel. (Esther3 : 2-6; Daniel 3; Daniel 6).

Ainsi une grande majorité des peuples de l'antiquité s'efforçaient à suivre l'Éternel. Mais ceux qui continuaient à associer leurs dieux à l'Éternel ou qui restaient attacher de manière indéfectible à leurs fétiches, s'en trouvaient mal. (2 rois 17 : 24-34).

Cependant, même ceux qui s'intéressaient à la parole du Dieu d'Israël, n'étaient pas capables de garder à la lettre avaient ses lois et ses commandements et ils les violaient à souhait. Cet état d'esprit des hommes dans l'antiquité vint mettre fin à l'époque de la loi, car avec la venue de la loi, le péché reprit vie. Ainsi, le commandement qui conduit à la vie se trouva pour eux conduire à la mort (Romains 7 : 9-10).

CHAPITRE 3

LE MONDE ACTUEL

Le monde actuel a commencé avec la naissance du Messie au Moyen Age en Israël, au pays de Sem. C'est une période où Dieu lui-même vint en chair et en os annoncer la grâce à tous les hommes, depuis le premier jusqu'au troisième monde. Mais à peine arriver, les enfants de Japhet, qui gouvernaient le monde de cette époque-là, l'apprirent et conspirèrent contre lui et voulurent le mettre précocement à mort. Il trouva refuge au pays de Cham (Matthieu 2 : 1-18).

Il revint plus tard en Israël (Matthieu 2 : 19-23) où il proclama l'Évangile de la grâce et forma un nombre considérable de disciples pour le pérenniser en attendant son avènement.

Sem, en complicité avec Japhet, le prirent en aversion et le mirent à mort. Malgré cette opposition, il manifesta sa puissance et ressuscita des morts; démontrant par-là que Christ (la Parole de Dieu) ne peut jamais être anéanti par aucun homme.

Lorsque ses disciples furent remplis de la puissance du Saint Esprit, après l'ascension du Seigneur, ils se mirent aussitôt à l'œuvre pour l'avancement du royaume de Dieu en prêchant la bonne nouvelle de l'Évangile de Christ à tous les peuples. Les plus inspirés mirent par écrit toutes les connaissances qu'ils avaient accumulées et reçues du Seigneur. Et le christianisme vit le jour, ayant pour base: *la mise en pratique de la parole de Dieu par la foi.*

Mais cet Évangile de la foi en Christ se heurta à la résistance du judaïsme qui avait pour fondement la loi. Il y eut divergence d'opinion entre les Juifs à cause de ces deux concepts voulus par Dieu, pourtant unis par sa parole.

Cependant, le christianisme connut une très grande expansion au milieu des peuples étrangers, notamment au Proche-Orient et en Occident. La plupart de ces nations se rangèrent derrière l'Éternel, le Dieu d'Israël, pour le servir en marchant dans ses voies. Ils reformèrent leurs traditions, leurs coutumes et leurs lois en conformité avec la loi fondamentale de Dieu.

Il n'y avait donc pas une autre religion comme celle des Juifs, ayant des commandements, des lois, des ordonnances et des préceptes justes écris sur des parchemins et soigneusement conservés sous la bienveillance de Dieu lui-même.

Le judaïsme (la loi), et le christianisme (la foi), qui sont inséparables, favorisèrent l'éclosion de plusieurs autres organisations religieuses. Et l'Église Catholique romaine naquit, en tant qu'organe du plus grand État de l'empire, elle devint par la suite la plus importante organisation religieuse du monde au Moyen Age pour la plupart des peuples civilisés de l'époque. Ces Romains qui sont issus de la postérité de Japhet, se rendirent à la source des Saintes Écritures que détenaient les Juifs, afin d'en faire des manuscrits. Ils trouvèrent des écrits de Moïse concernant la puissance mystérieuse des ténèbres et la puissance de la lumière; les écrits de tous les autres prophètes et plus tard ceux des apôtres de Jésus-Christ.

Ils tinrent en secret tous les mystères des ténèbres comme avait fait la postérité de Sem: *les enfants d'Israël.* Ce qui explique la conduite de Sem et Japhet envers la nudité de leur père Noé. (Genèse 9 : 23).

Mais ils mirent toute la parole de lumière dans un livre qu'ils appelèrent la Bible. Et la connaissance du Dieu d'Israël allait sans cesse croissante au milieu des nations qui avaient le privilège de la posséder.

Au sixième siècle après Jésus-Christ, son Évangile provoqua la scission parmi les postérités de souche d'Abraham. Une religion au relent d'opposition contre le christianisme et de politique vit le jour en Orient avec pour contrer les Romains, qui avaient l'ambition politique de conquête du monde. Selon qu'il est écrit: *ne croyez pas que je sois venu apporter la paix sur la terre; je ne suis pas venu apporter la paix, mais l'épée. Car je suis venu mettre la division entre l'homme et son père, entre la fille et sa mère, entre la belle- fille et sa belle- mère; et l'homme aura pour ennemis les gens de sa propre maison.* Matthieu 10 : 34-36.

Ce passage de l'Écriture fait allusion à Abraham et sa maison: *ses deux femmes et leurs deux postérités, qui se disputent la vedette.*

La naissance de l'Islam

La postérité d'Ismaël abandonna l'ancien culte de son père Abraham pour suivre sa propre voie. Le temps que dura leur attachement à l'Éternel fut celui où Abraham et sa maison furent en paix.

Mais à partir du moment où Agar conçut de l'orgueil contre sa maîtresse Sara, la division vint dans la maison d'Abraham. Alors Sara la maltraita et Agar sa servante s'enfuit loin d'elle dans le désert. L'ange de l'Éternel la trouva près d'une source d'eau, qui est sur le chemin de Schur. Il dit: *Agar, servante de Sara, d'où viens-tu, et où vas-tu?* Elle répondit: *je fuis loin de Sara, ma maîtresse.* Et l'ange de l'Éternel lui dit: *retourne vers ta maîtresse, et humilie-toi sous sa main.* Et l'ange de l'Éternel lui dit: *je multiplierai ta postérité, et elle sera si nombreuse qu'on ne pourra la compter.*

L'ange de l'Éternel lui dit: *voici tu es enceinte, et tu enfanteras un fils, à qui tu donneras le nom d'Ismaël; car l'Éternel t'a entendue dans ton affliction, il sera comme un âne sauvage; sa main sera contre tous, et la main de tous sera contre lui; et il habitera en face de tous ses frères.* Genèse 16 : 3-12.

Après cela, Sara devint aussi enceinte, et elle enfanta un fils à Abraham dans sa vieillesse, au temps fixé donc Dieu lui avait parlé. Abraham donna le nom d'Isaac au fils qui lui était né, que Sara lui avait enfanté.

L'enfant grandit, et fut sevré; et Abraham fit un grand festin le jour où Isaac fut sevré. Sara vit rire le fils qu'Agar, l'égyptienne avait enfanté à Abraham; et elle dit à Abraham: *chasse cette servante et son fils, car le fils de cette servante n'héritera pas avec mon fils, Isaac.*

Cette parole déplut fort aux yeux d'Abraham, à cause de son fils. Mais Dieu dit à Abraham: *que cela ne déplaise pas à tes yeux à cause de l'enfant et de ta servante. Accorde à Sara tout ce qu'elle te demandera; car c'est d'Isaac que sortira une postérité qui te sera propre. Je ferai aussi une nation du fils de ta servante; car il est ta postérité.*

Abraham se leva de bon matin; prit du pain et une outre d'eau, qu'il donna à Agar et plaça sur son épaule; il lui remit aussi l'enfant, et la renvoya. Elle s'en alla, et s'égara dans le désert de Beer-Schéba.

Quand l'eau de l'outre fut épuisée, elle laissa l'enfant sous des arbrisseaux, et alla s'asseoir vis-à-vis, à une portée d'arc; car elle disait: *que je ne voie pas mourir mon enfant!* Elle s'assit donc vis-à-vis de lui, éleva la voix et pleura. Dieu entendit la voix de l'enfant; et l'ange de Dieu appela du ciel Agar, et lui dit: *qu'as-tu Agar? Ne crains point, car Dieu a entendu la voix de l'enfant dans le lieu où il est. Lève-toi, prends l'enfant, saisis-le de ta main; car je ferai de lui une grande nation.*

Et Dieu lui ouvrit les yeux et elle vit un puits d'eau; elle alla remplir d'eau l'outre, et donna à boire à l'enfant. Dieu fut avec l'enfant, qui grandit, habitat dans le désert, et devint tireur d'arc. Il habitat dans le désert de Paran, et sa mère lui prit une femme du pays d'Égypte. Genèse 21 : 2-3,8-21.

Lorsqu'Agar s'humilia devant Sara, la paix revint dans la maison d'Abraham. Mais lorsque Sara eut enfanté aussi un fils à Abraham, elle repoussa sa servante et son fils. Ce n'est donc pas volontiers qu'Agar et son fils se séparèrent d'Abraham. Mais c'est Dieu qui occasionna cette division. Et une haine irréversible s'installa entre les postérités de Sara et d'Agar.

Cependant, Dieu donna son sacerdoce en héritage aux Juifs, la postérité de Sara. Selon qu'il est écrit: *Abraham eut deux fils, un de la femme esclave, et un de la femme libre. Mais celui de l'esclave naquit selon la chair, et celui de la femme libre naquit en vertu de la promesse. Ces choses sont allégoriques; car ces femmes sont deux alliances. L'une du mont Sinaï, enfantant pour la servitude, c'est Agar, car Agar, c'est le mont Sinaï en Arabie, et elle correspond à la Jérusalem actuelle, qui est dans la servitude avec ses enfants. Mais la Jérusalem d'en haut est libre, c'est notre mère.* Galates 4 : 22-26.

De même qu'Agar et son fils Ismaël furent contraints de s'éloigner d'Abraham pour le désert où ils trouvèrent une source; de même aussi toute sa postérité s'est éloignée du Dieu d'Abraham pour creuser sa propre source spirituelle, d'où la naissance de l'Islam, certainement à cause de la frustration et du désespoir.

Comme Agar était revenue se réconciliée avec sa maîtresse Sara; la postérité d'Ismaël et d'Isaac doivent renoncer à leur orgueil et aux querelles de cuisine, qui ne font qu'alimentés leurs divergences, et revenir s'accorder pour servir ensemble le Dieu d'Abraham, leur père. Étant donc tous les deux, les fils d'Abraham, ils doivent se réconcilier pour suivre le Dieu de leur père, qui s'était révélé à lui en Mésopotamie.

Mais la cruelle rivalité qui eut lieu entre Agar et Sara continue son bonhomme de chemin, et leurs deux postérités sont restées camper chacune dans sa position. Cette haine, devenue héréditaire, poussa la postérité d'Ismaël à la haine contre l'Éternel, le Dieu de leur père Abraham et contre son héritier Isaac, leur frère. Elle se révolta et l'un de ses fils, le prophète Abu-l-Qâsim Mouhammed, composa le Coran, qui curieusement est presque la copie conforme des Saintes Écritures tirées des textes originaux Hébreu et Grec; et la religion musulmane fut fondée en l'an 620 après J-C, tout simplement parce qu'il voulait dit-on, se défaire du Judaïsme mêlé au christianisme et à l'impérialisme Catholique Romaine pour unir tous les Arabes dans une même croyance, et en un seul Dieu: Allah. Ceci symbolise le puits que Dieu avait montré à Agar dans le désert lorsqu'elle s'était égarée avec son fils.

Les antéchrists

Cette nouvelle religion s'établit solidement, recrutant en son sein des hommes et des femmes hostiles au judaïsme et au christianisme, fondés respectivement, par les anciens prophètes et les disciples de Christ. Quoique cette doctrine s'avérait être l'unique voie de salut pour tous. Car il n'y a de salut en aucun autre, si ce n'est en Jésus-Christ. Il n'y a sous le ciel aucun autre nom qui ait été donné parmi les hommes, par lequel nous devons être sauvés. Selon qu'il est écrit: *il n'y a point d'autre Dieu que moi, je suis le seul Dieu juste et qui sauve. Tournez-vous vers moi et vous serez sauvés, vous tous qui êtes aux extrémités de la terre! Car je suis Dieu, et il n'y en a point d'autre. Je le jure par moi-même, la vérité sort de ma bouche et ma parole ne sera point révoquée: tout genou fléchira devant moi, toute langue jurera par moi. En l'Éternel seul, me dira-t-on, réside la justice et la force; à lui viendront, pour être confondus, tous ceux qui étaient irrités contre lui. Par l'Éternel seront justifiés et glorifiés tous les descendants d'Israël.* Ésaïe 45 : 21-25.

Il est clairement dit que tous les prophètes et la loi ont prophétisé jusqu'à Jean, il ne devait donc plus y avoir un nouveau prophète se réclamant de Dieu. Car il est écrit: *maintenant je vous ai dit ces choses avant qu'elles arrivent, afin que lorsqu'elles arriveront, vous croyez. Je ne parlerai plus guère avec vous; car le prince du monde vient. Il n'a rien de moi.* Jean 14 : 29-30.

Jésus-Christ avait bien prédit la venue de cet opposant dans le monde avant la fin des temps, en disant: *l'apparition de cet impie se fera, par la puissance de Satan, avec toutes sortes de miracles, de signes et de prodiges mensongers, et avec toutes les séductions de l'iniquité pour ceux qui périssent parce qu'ils n'ont pas reçu l'amour de la vérité pour être sauvés.*

Aussi Dieu leur envoie une puissance d'égarement, pour qu'ils croient au mensonge, afin que tous ce qui n'ont pas cru à la vérité, mais qui ont pris plaisir à l'injustice, soient condamnés. 2 Thessaloniciens 2 : 9-12.

Pour vous, frères, comme Isaac, vous êtes enfants de la promesse; et de même qu'alors celui qui était né selon la chair persécutait celui qui était né selon l'Esprit; ainsi en est-il maintenant. Mais que dit l'Écriture? Chasse l'esclave et son fils, car le fils de l'esclave n'héritera pas avec le fils de la femme libre.

C'est pourquoi, frères, nous ne sommes pas les enfants de l'esclave, mais de la femme libre. C'est pour la liberté que Christ nous a affranchis, demeurez donc fermes et ne vous laissez pas mettre de nouveau sous le joug de la servitude (en allant vous rallier à cette religion). Galates 4 : 28 à 5 : 1.

Ainsi, Dieu versa la coupe de sa colère sur le grand fleuve, l'Euphrate. Et son eau tarit, afin que le chemin des rois venant de l'Orient fût préparé.

Et il sortit de la bouche du dragon, et de la bouche de la bête, et de la bouche du faux prophète, trois esprits impurs, semblables à des grenouilles. Car ce sont des esprits de démons qui font des prodiges, et qui vont vers les rois de toute la terre, afin de les rassembler pour le combat du grand jour du Dieu tout-puissant. C'est pourquoi ainsi parle le Seigneur: *voici, je viens comme un voleur. Heureux celui qui veille, et qui garde ses vêtements, afin qu'il ne marche pas nu et qu'on ne voie pas sa honte. Ils les rassemblèrent dans le lieu appelé en hébreux Harmaguédon.* Apocalypse 16 : 12-16.

En dehors de cet antéchrist, qui est venu saboter le plan du salut de Dieu proposé aux hommes; il y avait déjà au troisième siècle, une institution religieuse qui pervertissait la parole de Dieu en introduisant le paganisme dans le Christianisme par la vénération de Marie (en imitation de la Mère Divine, la Reine du ciel), l'adoration des images et des rituels dont la Bible ne fait aucunement mention.

De même aussi, plusieurs autres faux prophètes, pour des mobiles de cupidité, ont changé l'Évangile du salut de Christ en évangile de richesses, et le tordent à souhait. Mais Dieu laisse croître ensemble la bonne semence et l'ivraie dans son champ, qui est le monde, et ne permet à aucun de ses fidèles serviteurs de la déraciner, de peur qu'en l'arrachant, ils ne déracinent en même temps le blé. Car c'est au temps de la moisson qu'il dira aux moissonneurs: *arrachez d'abord l'ivraie, et liez-la en gerbes pour la brûler, mais amassez le blé dans mon grenier.* En attendant, chacun est libre d'adorer le dieu qu'il veut, pourvu seulement que ce dernier sauve son âme quand viendra la fin. Sachez que le salut vient des Juifs.

Petits-enfants, c'est la dernière heure, et comme vous avez appris qu'un antéchrist vient, il y a maintenant plusieurs antéchrists: ***par là nous connaissons que c'est la dernière heure.*** Ils sont sortis du milieu de nous, mais ils n'étaient pas des nôtres; car s'ils eussent été des nôtres, ils seraient demeurés avec nous, mais cela est arrivé afin qu'il fût manifeste que tous ne sont pas des nôtres. Pour vous, vous avez reçu l'onction de la part de celui qui est saint, et vous avez tous de la connaissance.

Je vous ai écrit, non que vous ne connaissiez pas la vérité, mais parce que vous la connaissez, et parce qu'aucun mensonge ne vient de la vérité.

Qui est menteur. Sinon celui qui nie que Jésus est le Christ? Celui-là est l'antéchrist, qui nie le Père et le Fils. Quiconque nie le Fils n'a pas non plus le Père; quiconque confesse le Fils a aussi le Père.

Que ce que vous avez entendu dès le commencement demeure en vous. Si ce que vous avez entendu dès le commencement demeure en vous, vous demeurerez aussi dans le Fils et dans le Père.

Et la promesse qu'il nous a faite, c'est la vie éternelle. Je vous ai écrit ces choses au sujet de ceux qui vous égarent. Pour vous, l'onction que vous avez reçue de lui demeure en vous, et vous n'avez pas besoin qu'on vous enseigne; mais comme son onction vous enseigne toutes choses, et qu'elle est véritable et qu'elle n'est point un mensonge, demeurez en lui selon les enseignements qu'elle vous a donnés.

Et maintenant, petits-enfants, demeurez en lui, afin que, lorsqu'il paraîtra, nous ayons de l'assurance, et qu'à son avènement nous ne soyons pas confus et éloignés de lui. 1 Jean 2 : 18-28.

La dispersion des Juifs dans le monde

Les hommes que Dieu avait prédestinés à son service selon la vérité continuèrent à faire de recherches sur les moyens de propager davantage les Saintes Écritures.

Ils multiplièrent les sociétés bibliques pour rendre accessible la parole de Dieu à tous comme on le voit aujourd'hui. Les occidentaux furent les premiers à atteindre cet objectif, et Dieu leur accorda cette capacité, parce qu'ils avaient montré au départ leur attachement et leur dévouement à Dieu et à sa glorieuse parole.

Sem avait reçu et gardé la parole de Dieu, et Japhet était allé la puiser dans sa source pour abreuver le monde par elle. Ce qui poussa Dieu à les assujettir toute la postérité de Cham du monde avec leurs immenses richesses.

Et Dieu fusionna une grande partie des enfants d'Israël en dispersion avec la postérité de Japhet; donna à ses captifs juifs, une grande intelligence à nulle autre pareille: *l'esprit*

d'invention et d'habileté pour tous les ouvrages. Ils devinrent les occidentaux à part entière, afin de leur servir d'abri et de sécurité en tout temps. (Genèse 9 : 26-27).

D'autres Juifs s'infiltrèrent au milieu des enfants de Cham, à la peau blanche. Il n'y a que chez les Noirs que les Juifs ne réussirent pas à pénétrer. A cause de la malédiction qui pesait sur Canaan, et de l'aversion que Dieu avait envers eux (Amos 9 : 7), il changea expressément la couleur de leur peau, afin d'empêcher l'infiltration des Juifs parmi eux. Car tout lieu qui servait de refuge à un Juif, était sous les regards bienveillants de l'Éternel et jouissait de ses faveurs.

Cette dispersion sagement organisée par Dieu, eut lieu avant et après la naissance de Jésus-Christ sur terre. C'était une manière sûre de sécuriser son peuple en le retirant du milieu de ses ennemis qui l'entouraient pour le mettre en possession de la vraie terre promise: ***les îles lointaines où régnaient la paix et l'abondance.*** Et afin qu'ils secourent et soutiennent à partir de l'occident et partout ailleurs le reste de leurs frères demeurant sur la terre d'origine d'Israël. Car l'emplacement de l'actuel Israël n'a rien de succulent, et sa condition de vie guerrière n'est point enviable. Dieu avait prévu tout cela et il leur prépara des territoires en réserve pour qu'ils évoluassent paisiblement.

En mélangeant les Juifs avec le reste de la postérité de Sem et de Japhet, Dieu par cet acte, voulut aussi les épargner de la foule des jaloux. Car si Dieu les avait laissé grouper en Israël, et leur avait accordé la réalisation de grandes œuvres de l'esprit comme ils l'on fait étant disséminés çà et là, personne n'allait aimer le Dieu d'Israël à cause de ses égards en faveur d'un seul peuple.

Malgré cela, il faut dire d'emblée que les Juifs ont toujours été visés par l'extermination depuis la nuit des temps (Esther 3 : 8-10), jusqu'à nos jours, et ils n'ont pas pu échapper à la barbarie des nazis, mécontents de leur puissance dans tous les domaines d'activités. C'est pourquoi, Dieu fit perdre à certains d'entre eux l'identité juive du milieu des nations où ils se trouvaient en captivité pour qu'ils deviennent les citoyens de ces peuples-là. D'autres perdirent aussi l'usage de la langue hébraïque et adoptèrent les langues de leurs pays d'accueil. Mais ils gardèrent l'esprit juif.

Ce sont eux et leurs descendants qui sont à l'origine de la grande révolution industrielle et technologique du monde actuel. Parce qu'ils avaient payé un très grand prix en restant quatre cent trente ans dans la servitude et dans l'oppression égyptienne, et à cela s'ajoutèrent les quarante années du désert.

C'est pourquoi, l'Éternel les a souverainement élevé, afin qu'en toutes choses, ils soient la première des nations. Car dans le monde spirituel positif ou négatif, tout s'obtient au prix du sacrifice.

Mais Dieu, étant un Dieu de bonté, ne refusa point ses grâces aux autres nations qui se montrèrent ennemis de sa parole. Il leur accorda aussi diverses richesses du sol et du sous-sol, afin de leur permettre de survivre aux côtés de ceux qui avaient reçu l'intelligence, la sagesse et les possessions en abondance. Car Dieu fait lever son soleil sur les méchants et sur les bons, et il fait pleuvoir sur les justes et sur les injustes.

L'évangélisation et le progrès industriel et technologique des nations

Les postérités de Sem et de Japhet étant unies par la parole du Dieu d'Israël, la civilisation au Moyen Age en Europe était aussi essentiellement chrétienne, tous leurs peuples étaient chrétiens et la vie en société était inspirée de la parole de Dieu, de manière à ce que les rois fussent sacrés par des Évêques dans des synagogues.

Leur zèle pour le Dieu d'Israël les amena à organiser une croisade contre les musulmans, afin de libérer le tombeau vide de Jésus-Christ qui était entre leurs mains (voir l'histoire des civilisations), et à combattre les Arabes qui tentaient d'imposer l'islam dans le sud de l'Europe.

Plus leur amour envers le Dieu d'Israël croissait, plus leur esprit s'affranchissait de la médiocrité, leur vie sociale s'améliorait et le développement de leurs pays suivait au même rythme.

Les Arabes étant de farouches conquérants, envahirent beaucoup d'autres nations et conquirent la Syrie et la Perse en Asie, puis l'Afrique du nord. Ils eurent aussi une grande influence sur les Noirs habitant la bordure du Sahara. Des prêtres musulmans traversèrent le Sahara pour convertir les Noirs à l'islam. Ils fondèrent les sultanats sur la côte orientale de l'Afrique; mais ils furent stoppés dans leur élan au nord par les Éthiopiens chrétiens et par des tribus de Bantous.

A la fin du Moyen Age, la civilisation européenne commença à faire de grands progrès grâce à des inventions étonnantes. Les Chinois inventèrent la boussole et les Italiens l'améliorèrent, afin de servir pour l'orientation des navigateurs. La caravelle à gouvernail capable de parcourir des océans fut inventée. C'est grâce à elle que l'Amérique et d'autres terres furent découvertes et c'est toujours par elle que l'émigration vers ces nouvelles terres se fit.

Vu le coup très élevé et la rareté des manuscrits de la Bible, le papier fut inventé. Vers le milieu du quatorzième siècle, un Allemand inventa les lettres mobiles d'imprimerie en métal, et la Bible fut le premier livre à être imprimé. L'imprimerie facilita beaucoup la diffusion de l'instruction et surtout de la parole de Dieu.

Les armes à feu furent également inventées par des Chinois, et tous les peuples civilisés de cette époque-là en firent autant, afin d'en faire un moyen de défense et de conquête.

Dieu réveillait aussi l'esprit d'intelligence de ses serviteurs pour leurs permettre d'étendre sa parole aux quatre coins du monde. Grâce à la boussole, et la caravelle; la géographie et la navigation firent de grand progrès et occasionnèrent de grandes découvertes.

Le but de l'exploration du monde par les européens était: *le désir de se procurer facilement des richesses, et d'évangéliser les peuples païens.* Poussés donc par l'apostolat chrétien et le désir de découvrir de nouvelles terres, les Portugais commencèrent l'exploration vers la fin du quatorzième siècle et découvrirent les côtes africaines et par la suite les Indes.

Les autres peuples de l'Occident tels que: *les Anglais, les Hollandais, les Allemands, les Français, les Danois, les Espagnols... ne furent pas en reste.* Tous se livrèrent au commerce avec les autochtones africains et indiens. Ils s'installèrent même sur certaines îles africaines et entreprirent la conquête de ses territoires. Mais ils se heurtèrent à la résistance de ceux-ci. Malgré la puissance des enchantements détenue par eux, cette résistance ne tarda pas à être brisée grâce à la connaissance spirituelle du bien et du mal des conquérants et par la puissance de leurs armes à feu. Ce qui leur permit d'asseoir leur domination sur ces peuples sans moyen de défense moderne, qui s'étaient montrés ennemis de Dieu dès la fondation du monde.

Tous les occidentaux qui avaient des colonies en Amérique se livrèrent au commerce des esclaves en Inde. Mais à cause de la fragilité de ceux-ci, ce commerce se transporta en Afrique noire, et leurs esclaves furent exploités pour la culture des plantes tropicales. Ce macabre commerce dura trois siècles avant d'être aboli dans son état sauvage pour laisser ensuite place à la colonisation à l'état pure, puis au néo-colonialisme qui sévit jusqu'à présent en Afrique.

Mais avant qu'on en arrive là, l'étude approfondie de la parole de Dieu par des hommes assoiffés de la vérité permit de desceller la déviation de l'Église catholique dans son enseignement, dans ses rituels, et dans sa manière d'interpréter les Saintes Écritures. A cause donc de cette décadence, cette organisation perdit sa prééminence en occident vers la fin du Moyen Age au seizième siècle. Il y eut protestation contre leur doctrine, et l'éclatement en son sein s'en suivit; d'autres tendances selon leurs opinions se formèrent.

La multiplication des sociétés bibliques universelles fut conçue comme moyen d'évangélisation efficace. Ceci contribua fortement aux progrès révolutionnaires qui se produisirent dans la technologie, le transport et les communications au milieu du dix-septième siècle en occident.

Ce brusque revirement des choses finit par donner raison à ceux qui avaient courageusement su s'attaquer à la fausse doctrine pour restituer à la parole de Dieu une partie de son authenticité. Selon qu'il est écrit: *fortifiez vos mains, vous qui entendez aujourd'hui ces paroles de la bouche des prophètes qui parurent au temps où fut fondée la maison de l'Éternel des armées où le temple allait être bâti. Car avant ce temps, le travail de l'homme ne recevait pas sa récompense, et le salaire des bêtes était nul, il n'y avait point de paix pour ceux qui entraient et sortaient à cause de l'ennemi, et je lâchais tous les hommes les uns contre les autres.*

Maintenant je ne suis pas pour le reste de ce peuple comme j'étais dans le passé, dit l'Éternel des armées. Car les semailles prospéreront, la vigne rendra son fruit, la terre donnera ses produits, et les cieux enverront leur rosée; je ferai jouir de toutes ces choses le reste de ce peuple.

De même que vous avez été en malédiction parmi les nations, maison de Juda et maison d'Israël, de même je vous sauverai, et vous serez en bénédiction. Ne craignez pas, que vos mains se fortifient! Car ainsi parle l'Éternel des armées: comme j'ai eu la pensée de vous faire le mal lorsque vos pères m'irritaient, dit l'Éternel des armées, et que je ne m'en suis point repenti, ainsi je reviens en arrière et j'ai résolu en ces jours de faire du bien à Jérusalem et à la maison de Juda (en dispersion). *Ne craignez pas! Voici ce que vous devez faire: dites la vérité chacun à son prochain; jugez dans vos portes selon la vérité et en vue de la paix; que nul en son cœur ne pense le mal contre son prochain, et n'aimez pas le faux serment, car ce sont là toutes choses que je hais, dit l'Éternel.* Zacharie 8 : 9-17.

Aujourd'hui encore, la réalité produite sur le terrain confirme ce passage de l'Écriture, car le pays de ceux qui décrièrent cette fausse doctrine a gardé la célébrité et la suprématie en tout. Mais ceux qui avaient conservé les dogmes Catholiques afin d'en faire un instrument politique pour l'endormissement spirituel, l'asservissement et l'appauvrissement des peuples ignorants, connurent des fortunes diverses et ne réussirent point à s'imposer véritablement sur la scène mondiale à cause de leur laxisme.

Dieu et Mamon

Dès l'entame du dix-huitième jusqu'au dix-neuvième siècle, les européens toujours plus entreprenants recommencèrent la reconnaissance du continent noir. Ils mirent fin aux guerres tribales, à la traite des esclaves et à l'anthropophagie de certains peuples qui la pratiquaient.

Pendant que les administrations coloniales s'activaient à la recherche des trésors, les missionnaires catholiques et autres s'occupaient de l'instruction et de l'évangélisation masquée des autochtones, sans pour autant leur accorder le droit d'accès à la Bible proprement dite, parce qu'ils ne voulaient pas que la plupart de leurs faux enseignements soient mis à nu, question d'éviter des contestations et révoltes.

Par la ruse, ils réussirent à dépouiller les Noirs de leurs richesses et de leurs connaissances spirituelles, qui n'étaient pas toutes négatives. C'est ainsi que le peuple noir, malgré sa bonne volonté de servir Dieu, fut contraint de servir Satan sous le couvert des images. Or, si ces occidentaux avaient un cœur sincère envers Dieu et envers les peuples noirs, ils auraient pu leur enseigner le vrai Évangile de Christ pour les amener à abandonner les lois et les rituels coutumiers qui n'honoraient pas Dieu.

Ils auraient ensuite trié dans le tas tous les hommes doués, intelligents et éveillés d'esprit pour leur enseigner la haute spiritualité laissée par Moïse, afin de les rendre capables de maîtriser le monde spirituel mystique et le monde spirituel de lumière, pour le bien-être de leurs populations.

Mais ces serviteurs de Mamon privèrent les Noirs de la vérité. Ainsi la religion catholique qui avait été fondée pour servir les politiques d'Europe, jouait bien son rôle, et pratiquait la politique de la souris qui consiste à te bouffer les orteils tout en les souffletant pour que tu ne puisses te rende compte de rien à l'immédiat. C'est après le réveil que tu pourras constater les dégâts. Cette triste réalité est maintenant perceptible au milieu des peuples noirs.

Toutefois, la force de conquête des enfants de Sem et de Japhet venait de l'Éternel, qui avait mis en leur possession ses deux puissances, et qui leur fit cette recommandation: *si vous observez tous ces commandements que je vous prescris, et si vous les mettez en pratique, pour aimer l'Éternel, votre Dieu, pour marcher dans toutes ses voies et pour vous attacher à lui, l'Éternel chassera devant vous toutes ces nations, et vous vous rendrez maîtres des nations plus grandes et plus puissantes que vous.*

Tout lieu que foulera la plante de votre pied sera à vous: votre frontière s'étendra du désert au Liban, et du fleuve de l'Euphrate jusqu'à la mer occidentale. Nul ne tiendra contre vous. L'Éternel, votre Dieu, répandra, comme il vous l'a dit, la frayeur et la crainte de toi sur tout le pays où vous marcherez. Deutéronome 11 : 22-25.

Malgré la bonne résolution de l'Éternel envers les enfants de Sem et de Japhet, ceux-ci jetèrent eux aussi la parole de Dieu dans la poubelle, foulèrent ses commandements, ses lois, ses ordonnances et ses prescriptions au profit de l'amour du monde, de la théorie de l'évolution, de l'astronomie, des cercles ésotériques, des loges noires, de la science, etc. C'est ainsi que l'un d'eux: **Léopold II, roi** *de Belgique dévoila au grand jour ses intentions malveillantes et prononça ce discours en 1883 devant les missionnaires se rendant en Afrique, et leur dit:*

Révérends pères et chers compatriotes, la tâche qui vous est confiée est délicate et demande beaucoup de tact. Prêtres, vous allez certes pour évangéliser, mais cette évangélisation doit s'inspirer avant tout des intérêts de la Belgique et de l'Europe.

Le but principal de votre mission en Afrique n'est donc point d'apprendre aux nègres à connaître Dieu, car ils le connaissent déjà. Ils parlent et se soumettent à un Mundi, un Mungu, un Diakomba et que sais-je encore; ils savent que tuer, voler, coucher la femme d'autrui, calomnier et injurier est mauvais.

Ayons donc le courage de l'avouer. Vous n'irez pas leur apprendre ce qu'ils savent déjà. Votre rôle essentiel est de faciliter la tâche aux administratifs et aux industriels. C'est donc dire que vous interprétez l'Évangile de façon qu'il serve à mieux protéger nos intérêts dans cette partie du monde. Pour ce faire, vous veillerez entre autres à désintéresser nos sauvages des richesses dont regorgent leur sol et sous-sol, pour éviter qu'ils s'y intéressent, qu'ils ne nous fassent pas une concurrence meurtrière et rêvent un jour de nous déloger.

Votre connaissance de l'Évangile nous permettra de trouver facilement des textes recommandant aux fidèles d'aimer la pauvreté, tel par exemple: « heureux les pauvres car le royaume des cieux est à eux »; « il est difficile aux riches d'entrer au ciel ».

Vous ferez tout pour que les nègres aient peur de s'enrichir pour mériter le ciel. Pour éviter qu'ils ne se révoltent de temps en temps et pour que vous les fassiez craindre, vous devez recourir à la violence.

Vous leur enseignerez de tout supporter, même s'ils sont injuriés ou battus par vos compatriotes administratifs. Vous leur enseignerez que toute personne qui recourt à la vengeance n'est pas digne d'être fils de Dieu. Vous les inviterez à suivre l'exemple des saints qui ont tendu la deuxième joue sans recul et insulte.

Vous devez les détacher et les faire mépriser tout ce qui leur procure le courage de nous affronter. Je fais allusion ici principalement à leurs fétiches de guerre. Qu'ils ne prétendent point les abandonner et vous mettre tous à l'œuvre pour les faire disparaitre.

Votre action doit se porter essentiellement sur les jeunes, afin qu'ils ne se révoltent pas. Si le commandement du père est contraire à celui des parents, l'enfant devra apprendre à obéir à ce que lui recommande le missionnaire qui est le père de son âme.

Insistez particulièrement sur la soumission et l'obéissance. Éviter de développer l'esprit de critique dans vos écoles. Apprenez aux élèves à écrire et non à raisonner. Ce sont-là, chers compatriotes, quelques-uns des principes que vous appliquerez. Vous en trouverez beaucoup d'autres dans les livres qui vous seront remis à la fin de cette séance.

Évangélisez les nègres à la mode des africains, qu'ils restent toujours soumis aux colonialistes blancs. Qu'ils ne se révoltent jamais contre les injustices que ceux-ci les font subir. Faites leur méditer chaque jour « heureux ceux qui pleurent, car le royaume des cieux est à eux ».

Convertissez toujours les Noirs au moyen de la chicote. Gardez leurs femmes à la soumission pendant neuf mois, afin qu'elles travaillent gentiment pour vous. Exiger ensuite qu'ils vous offrent en signe de reconnaissance des chèvres, poules, œufs, chaque fois que vous visitez leurs villages.

Faites tout pour éviter que les Noirs ne deviennent jamais riches. Chantez chaque jour qu'il est impossible à un riche d'entrer au ciel. Faites-leur payer une taxe chaque semaine à la messe de dimanche. Utilisez ensuite cet argent prétendument destiné aux pauvres et transférez ainsi vos missions à des centres commerciaux florissants.

Instituez pour eux un système de confession qui fera de vous de bons détectives, pour démolir tout Noir à une prise de connaissance envers les autorités investies du pouvoir de décision.

Fin du discours!

Il y a certainement d'autres plus virulents, qui sont restés cachés. Cet état d'esprit était celui de tous les colons et a été transmis à leurs substituts africains qui font de même contre leurs compatriotes au profit des intérêts de leurs maîtres occidentaux et aussi des leurs.

Après s'être rendu maîtres des Noirs et des autres peuples par la malice, les enfants de Sem et de Japhet camouflèrent carrément la puissance de la perfection invisible pour ne répandre que la puissance des ténèbres.

Et conscients qu'ils s'étaient rendus odieux aux peuples du monde qu'ils avaient colonisés, dépouillés, maltraités et décimer, ils se dotèrent tous de bombes atomiques avec d'autres armes nucléaires; et fondèrent l'OTAN pour détruire ces petites nations impuissantes qui oseraient lever la tête contre eux.

Ils mirent sur pieds la Société des Nations pour se partager le tiers-monde et en firent leurs jachères. Ils créèrent des devises surévaluées pour eux-mêmes, et imposèrent des monnaies dérisoires à leurs colonies pour contrôler et asservir leurs économies, et pour un pillage à la douce de leurs ressources. Ils instituèrent toutes sortes de sectes sataniques, des ordres et des loges noires, afin de maintenir ces peuples assujettis sous leur éternelle domination (l'esclavage spirituel). Ils instaurèrent encore la traite des intellectuels de leur population afin de maintenir leurs pays au sommet. Comme si cela ne suffisait pas, ils imposèrent une justice répressive (le T P I pour les africains) présidée par des corrompus de leur choix, afin de punir les récalcitrants qui leur opposent la moindre résistance. Tout ceci se passe sous le mutisme total des dirigeants africains, qui, dans leur excès de naïveté, préfèrent se recroqueviller dans leurs carapaces, comme des tortues, pour sauver leurs peaux et leurs intérêts. Ainsi, la délivrance et la restauration de l'Afrique, pourtant promises par Dieu, est retardée.

Quoique lent, on ressent déjà un certain désir de réveil spirituel en Afrique. Car une importante portion des Noirs du monde a commencée à accueillir à bras ouverts l'Évangile de Christ que Sem et Japhet avait rejeté après avoir bénéficiés de ses bienfaits. Ce qui justifie le court séjour de Jésus-Christ dans le pays de Cham, quand Hérode en voulait à sa vie. (Matthieu 2 : 13-18).

La colère de Dieu contre les serviteurs de Mamon

A cause de l'impiété et de l'injustice de ces idolâtres qui ont retenu injustement la vérité captive, la colère de Dieu s'est révélée du ciel contre eux. Car ce qu'on pouvait connaître de Dieu était manifeste pour eux, Dieu le leur ayant fait connaître. En effet, les perfections invisibles de Dieu, sa puissance éternelle et sa divinité, se voient comme à l'œil, depuis la création du monde, quand on les considère dans ses ouvrages. Ils sont donc inexcusables, puisque, ayant connu Dieu, ils ne l'ont point glorifié comme Dieu, et ne lui ont point rendu grâces; mais ils se sont égarés dans leurs pensées et leur cœur sans intelligence a été plongé dans les ténèbres.

Se vantant d'être sages, ils sont devenus fous; et ils ont changé la gloire du Dieu incorruptible en images représentant l'homme corruptible, des oiseaux, de quadrupèdes, et des reptiles. C'est pourquoi Dieu les a livrés à l'impureté, selon les convoitises de leurs cœurs; en sorte qu'ils déshonorent eux-mêmes leur propre corps; eux qui ont changé la vérité de Dieu en mensonge, et qui ont adoré et servi la créature au lieu du créateur, qui est béni éternellement. Amen!

C'est pourquoi Dieu les a livrés à des passions infâmes: *car leurs femmes ont changé l'usage naturel en celui qui est contre nature; et de même les hommes, abandonnant l'usage naturel de la femme, se sont enflammés dans leurs désirs les uns pour les autres (les lesbiennes et les pédés), commettant homme avec homme des choses infâmes, et recevant en eux-mêmes le salaire que méritait leur égarement.*

Comme ils ne se sont pas souciés de connaître Dieu, Dieu les a livrés à leur sens reprouvé, pour commettre des choses indignes, étant rempli de toute espèce d'injustice, de méchanceté, de cupidité, de malice; pleins d'envie, de meurtre, de querelle, de ruse, de malignité, rapporteurs, médisants, impies, arrogants, hautains, fanfarons, ingénieux au mal, rebelles à leurs parents, dépourvu de l'intelligence, de loyauté, d'affection naturelle, de miséricorde.

Et, bien qu'ils connaissent le jugement de Dieu, déclarant digne de mort ceux qui commettent de telles choses, non seulement ils les font mais ils approuvent ceux qui les font (ils encouragent la pratique de l'homosexualité dans les pays du tiers-monde et menacent de représailles de tout genre les États qui la pénalisent). Romains 1 : 18-32.

Le pouvoir de la fausse doctrine sur les africains

Cet Évangile néfaste a obscurci de plus en plus l'intelligence des africains et provoqué l'aliénation de leur esprit, de sorte qu'il est difficile de nos jours de les convaincre de quitter cette voie de la perdition pour suivre la voie de la vérité. Même ceux qui savent lire et écrire, et qui sont capables de discerner la vérité du mensonge, continuent à se plaire dans ces religions de manipulation qui ont aggravé leur misère à cause de leur accoutumance devenue une seconde nature.

De la même manière, ils embrassent aveuglement des sectes sataniques importées de l'occident, et deviennent leurs esclaves spirituels. Ces sectes aux promesses fallacieuses ont rempli le continent noir, recrutant et embrigadant toute l'élite intellectuelle du présent et du futur. Ils se font hameçonner et continuent de se faire asservir par concupiscence et œuvrent pour la sauvegarde des intérêts des colons, leurs gurus. C'est ainsi que l'esclavage sauvage a été remplacé par l'esclavage diabolique.

En se livrant à ces choses pour obtenir l'aisance matérielle momentanée, les africains ne savent pas qu'ils sont en train d'empirer leur situation. Au lieu de se tourner résolument vers le Tout-Puissant, ils se tournent vers Satan qui ne peut ni leur garantir le bonheur ni les sauver de la détresse. Car il est écrit: *maudit soit l'homme qui se confie dans l'homme, qui prend la chair pour son appui, et qui détourne son cœur de l'Éternel! Il est comme un misérable dans le désert, et il ne voit point arriver le bonheur; il habite les lieux brûlés du désert, une terre salée et sans habitants. Béni soit l'homme qui se confie en l'Éternel, et dont l'Éternel est l'espérance!*

Il est comme un arbre planté près des eaux, et qui étend ses racines vers le courant; il n'aperçoit point la chaleur quand elle vient, et son feuillage reste vert; dans l'année de la sécheresse, il n'a point de crainte, et il ne cesse de porter du fruit. Jérémie 17 : 5-8.

Vivement que tous les africains cessent de suivre les tendances maléfiques liées à la mondialisation et s'attachent à Christ. Car ainsi parle le Seigneur: *je suis la porte. Si quelqu'un entre par moi, il sera sauvé; il entrera et il sortira, et il trouvera des pâturages. Le voleur ne vient que pour dérober, égorger et détruire; moi, je suis venu afin que les brebis aient la vie, et qu'elles soient dans l'abondance.* Jean 10 : 9-10.

Dans le cas contraire, Dieu ne fera aucun cas des africains. Il leur imposera plutôt un terrible joug: *la dépendance en tout, la dictature de leurs propres dirigeants, l'incapacité notoire d'inventer ou d'imiter quoi que ce soit* (Ésaïe 19 : 14-16), *la pauvreté, les maladies les plus terribles, les guerres civiles, les génocides* (Ésaïe 19 : 2) *et une misère absolue.*

Ceux qui veulent à tout prix s'évader de leur enfer, trouveront malheur en chemin, à cause de la malédiction qu'ils traînent à partir de leurs racines. Car il est écrit: puisque tu as oublié la loi de ton Dieu, j'oublierai aussi tes enfants. Osée 4 : 6b.

Dieu a oublié les enfants de l'Afrique à cause de leur attachement aux choses vaines, les dieux qui ne sont d'aucune utilité. (Ésaïe 19 : 3-4).

Car depuis que Dieu a laissé dans les âges passés toutes les nations suivre leurs propres voies, il n'y a jamais eu pour le peuple africain, ni vrai Dieu, ni vrai prophète pour les détourner des idoles et de la puissance négative des ténèbres, afin qu'ils fussent heureux comme les autres peuples.

Cependant Dieu n'avait pas dit que Canaan sera pour toujours l'esclave des esclaves de Sem et de Japhet. Mais il lui avait laissé un temps pour se conscientiser, le temps de dire adieux à ses idoles pour rendre unanimement gloire à Christ le seul vrai Dieu, afin que sa malédiction soit levée et que viennent pour lui toutes sortes de bénédictions, car Dieu ne garde pas à toujours sa colère. Quand il afflige, il a aussi compassion selon sa miséricorde.

Mais une chose est certaine, les ténèbres ne régneront pas toujours sur l'Afrique où il y a maintenant des angoisses: *si les temps passés ont couvert d'opprobre ce peuple, les temps à venir couvriront de gloire leur continent.* Car le joug qui pèse sur elle, le bâton qui frappe son dos, la verge de celui qui l'opprime, Dieu les brisera par sa miséricorde. Voilà ce que fera le zèle de l'Éternel des armées.

Appel à la repentance continentale

Dieu, par ma voix, dénonce à tous les peuples noirs du monde leurs œuvres, leurs transgressions et leur orgueil. Il les avertit pour leur instruction, les exhorte à abandonner les choses viles de leurs traditions, coutumes et tabous, et leur demande de s'attacher uniquement aux saints commandements, aux saintes lois, aux saintes ordonnances et aux saints préceptes de Dieu que les enfants de Sem et de Japhet avaient adoptés sans aucune contestation.

S'ils écoutent et se soumettent à la loi fondamentale de Dieu, ils achèveront leurs jours dans le bonheur, et leurs années dans la joie. Car il est écrit: *en ce temps-là, il y aura cinq villes au pays d'Égypte, qui parleront la langue de Canaan, et qui jureront par l'Éternel des armées: l'une d'elles sera appelée ville de la destruction. En ce même temps, il y aura un autel à l'Éternel au milieu du pays d'Égypte, et sur la frontière un monument à l'Éternel. Ce sera pour l'Éternel des armées un signe et un témoignage dans le pays d'Égypte; ils crieront à l'Éternel à cause des oppresseurs, et il leur enverra un sauveur et un défenseur pour les délivrer. Et les égyptiens connaîtront l'Éternel en ce jour-là; ils feront des sacrifices et des offrandes, ils feront des vœux à l'Éternel et les accompliront.*

Ainsi l'Éternel frappera les égyptiens, il les frappera, mais il les guérira; et ils se convertiront à l'Éternel, qui les exaucera et les guérira. En ce même temps, il y aura une route d'Égypte en Assyrie: les assyriens iront en Égypte, et les égyptiens en Assyrie, et les égyptiens avec les assyriens serviront l'Éternel. En ce même temps, Israël sera, lui troisième, uni à l'Égypte et à l'Assyrie, et ces pays seront l'objet d'une bénédiction. L'Éternel des armées les bénira, en disant: bénis soient l'Égypte, mon peuple, et l'Assyrie, œuvre de mes mains, et Israël, mon héritage! Ésaïe 19 : 18-25.

Voilà la résolution prise par l'Éternel pour sauver l'Afrique du néo-colonialisme et pour rétablir entre ses oppresseurs et elle une franche coopération. Mais si les africains persistent dans leurs égarements, la souffrance ne les quittera point. Ils expireront dans leur aveuglement. Car il est écrit: *maintenant, mes fils écoutez-moi et heureux ceux qui observent mes voies! Écoutez l'instruction, pour devenir sages, ne la rejetez pas. Heureux l'homme qui m'écoute, qui veille chaque jour à mes portes, et qui en garde les poteaux! Car celui qui me trouve a trouvé la vie. Et il obtient la faveur de l'Éternel. Mais celui qui pèche contre moi nuit à son âme; tous ceux qui me haïssent aiment la mort.* Proverbes 8 : 32-36.

Déjà, les paroles prophétiques prononcées par le roi Salomon à la place de la Sulamithe (l'Afrique noire) démontrent bien qu'elle s'était égarée loin des troupeaux de l'Éternel, son bien-aimé, et qu'elle éprouvait du repentir. C'est pourquoi elle s'adressa à Dieu en disant: *dis-moi, ô toi que mon cœur aime, où tu fais paître tes brebis, où tu les faits reposer à midi; car pourquoi serais-je comme une égarée près des troupeaux de tes compagnons?*

Voici la réponse de son Dieu: *si tu ne sais pas, ô la plus belle des femmes, sors sur les traces des brebis, et fais paître tes chevreaux près des demeures des bergers.* Cantique 1 : 7-8.

Le berger c'est Jésus-Christ, et les traces des brebis, c'est la voie qu'avaient suivi Sem et Japhet avant leur corruption morale actuelle. Ils avaient abandonné leur propre voie pour suivre la voie royale tracée par Dieu à Israël. Et cette voie est celle de la justice de Dieu.

Les enfants de Sem et de Japhet avaient tué le mal à la racine en faisant une chasse systématique aux sorciers et sorcières; interdisant la pratique de toutes les traditions liées à la sorcellerie négative, et en mettant à mort tous ceux qui osaient défier la loi dans ce sens. Ainsi que tous ceux qui avaient en eux des esprits de vampire et qui prenaient plaisir au cannibalisme, à l'initiation à la sorcellerie, au lancement des sortilèges etc., furent anéantis. Selon qu'il est écrit: *qu'on ne trouve chez toi personne qui fasse passer son fils ou sa fille par le feu, personne qui exerce le métier de devin, d'astrologue, d'augure, de magicien, d'enchanteur, personne qui consulte ceux qui évoquent les esprits ou disent la bonne aventure, personne qui interroge les morts.*

Car quiconque fait ces choses est en abomination à l'Éternel; et c'est à cause de ces abominations que l'Éternel, ton Dieu, va chasser ces nations devant toi. Tu seras entièrement à l'Éternel, ton Dieu. Car ces nations que tu chasseras écoutent les astrologues et les devins; mais à toi, l'Éternel, ton Dieu, ne le permet pas.

Les autres eurent peur et abandonnèrent ces choses viles, se convertirent grâce à la force impitoyable de la loi, et orientèrent leur esprit vers des recherches bénéfiques. Pour bannir le culte des morts, les autorités instaurèrent l'incinération de tous les corps, afin d'empêcher l'exhumation des crânes et ossements à des fins maléfiques.

C'est de cette façon que la société occidentale fut purifiée, modernisée et se développa comme on le voit aujourd'hui. Parce qu'ils se démarquèrent des autres peuples en faisant ce qui était bien aux yeux de l'Éternel, et il leur assujetti tout le reste du monde qui était attaché à ces saletés, qui tiennent dans l'abaissement les peuples.

Lorsque la Sulamithe (l'Afrique) parviendra aussi à trouver cette voie, qui est d'ailleurs un passage obligatoire pour sa réussite; elle deviendra libre et prospère. Voilà la raison du court séjour de Jésus-Christ dans le pays de Cham.

C'est pourquoi la Sulamithe avait dit à Dieu: *qu'il me baise des baisers de sa bouche! Car ton amour vaut mieux que le vin, tes parfums ont une odeur suave; ton nom est un parfum qui se répand; c'est pourquoi les jeunes filles t'aiment.*

Entraîne-moi après toi! Nous courrons! Le roi m'introduit dans ses appartements. Nous nous égaierons, nous nous réjouirons à cause de toi; nous célébrerons ton amour plus que le vin. C'est avec raison que l'on t'aime.
Cantique 1 : 2-4.

Lorsqu'on considère aujourd'hui la position des occidentaux dans le monde, on peut aussi dire que c'est avec intérêt que le peuple africain doit s'attacher à Dieu pour l'aimer. Car c'est à lui que le Seigneur s'adresse dans le livre de cantique des cantiques. Vous voyez par-là que le problème des africains noirs n'est surtout pas intellectuel, mais spirituel.

Pour se dégager de la souffrance actuelle, les africains doivent faire une révolution spirituelle profonde et faire comme les enfants d'Israël, qui au sein de leur détresse, étaient retournés à l'Éternel, leur Dieu, ils l'avaient cherché, et ils l'avaient trouvé. Ils se débarrassèrent de l'abomination de l'idolâtrie, firent alliance avec l'Éternel en prenant l'engagement avec serment de suivre ses commandements, ses lois, ses ordonnances et ses préceptes. Ils le firent de tout leur cœur et de toute leur âme: *ils firent des imprécations en disant: quiconque ne chercherait pas l'Éternel, le Dieu d'Israël, devait être mis à mort, petit ou grand, homme ou femme. Ils jurèrent fidélité à l'Éternel à voix haute, avec des cris de joies, et au son des trompettes et des cors; tous se réjouirent de ce serment, car ils avaient juré de tout leur cœur, ils avaient cherché l'Éternel de plein gré et ils l'avaient trouvé, et l'Éternel leur donna du repos de tous côtés.* (2 Chroniques 15 : 1-15).

Maintenant l'Afrique doit se montrer mature, en se faisant aussi violence pour prendre en mains son destin. Car il est écrit: **aussi longtemps que l'héritier est enfant, il ne diffère en rien d'un esclave, quoiqu'il soit le maître de tout; mais il est sous des tuteurs et des administrateurs jusqu'au temps marqué par le Père.** Galates 4 : 1-2.

Je nous exhorte donc à la repentance continentale. Fortifions-nous, nous aussi et ne laissons pas nos mains s'affaiblir. Car il y aura un salaire pour nos œuvres.

Après avoir vengé la méchanceté que Cham (l'Égypte), notre père avait infligé aux enfants d'Israël, sur Canaan (l'Éthiopie) par l'esclavage et par plusieurs autres atrocités, Dieu est maintenant bien disposé à nous consoler. Retournons aussi vers lui pour confesser nos péchés et ceux de nos pères, car sa miséricorde dure à toujours; adressons-lui ensuite cette prière:

L'AFRIQUE ET SON DESTIN

Tu nous as châtiés, et nous avons été châtiés comme des veaux qui ne sont pas domptés; fais-nous revenir, et nous reviendrons, car tu es l'Éternel, notre Dieu. Après nous être détournés, nous éprouvons du repentir; et après avoir reconnu nos fautes, nous frappons sur nos cuisses; nous sommes honteux et confus, car nous portons l'opprobre. Certainement il se repentira pour nous faire grâce.

CHAPITRE 4

LES GOUVERNANTS

La gouvernance est un don spirituel qui vient de Dieu, car c'est lui qui oint les rois; on ne le devient pas par la mascarade, parce qu'on est parrainé par X ou Y colon; encore moins parce qu'on est bardé de diplômes d'outre-mer en science politique ou parce qu'on est membre d'une quelconque puissante organisation occulte.

Malheureusement, c'est ce qui se passe depuis la nuit des temps en Afrique où les assoiffés du pouvoir, insouciants du bien-être de leurs concitoyens, et de connivence avec leurs maîtres blancs, se constituent en partis politiques pour tromper la vigilance de leurs compatriotes, et sont choisis de façon arbitraire, sans le consentement des urnes.

Ils n'hésitent même pas à se vendre corps, âme et esprit à Satan par l'entremise des sectes pernicieuses, que leur imposent leurs maîtres de l'Occident, afin d'avoir la mainmise sur eux et sur les richesses de leurs pays. Ils deviennent ainsi des Excellences sans aucune méritocratie. Mais qu'ils sachent que tous les rois de la terre, qui se livrent dans l'impudicité et au luxe avec Babylone, pleureront et se lamenteront à cause d'elle, quand ils verront la fumée de son embrasement. Apocalypse 18 : 9.

C'est pourquoi, ainsi leur parle le Roi des rois: *que servirait-il à un homme de gagner tout le monde, s'il perdait son âme? Ou, que donnerait un homme en échange de son âme? Car le Fils de l'homme doit venir dans la gloire de son père, avec ses anges; et alors il rendra à chacun selon ses œuvres.* Mathieu 16 : 26-27.

L'élection de Dieu et la démocratie des hommes

La royauté qui vient de Dieu a pour principe: la justice. Car un roi assis sur le trône de la justice dissipe tout mal par son regard. Et l'élection d'un tel roi se fait par le canal de l'urne divine, qui n'est autre que le tire au sort. Point besoin de dépenser des sommes faramineuses pour battre campagne en faisant des promesses démagogiques aux peuples. Dans cette forme de scrutin, toutes les candidatures sont validées et Dieu, qui sonde les cœurs et les reins, choisit l'élu (Nombres 17; 1 Samuel 10 : 20-24;

1Samuel 16 : 1-13) qui doit gouverner le peuple de son ressort territorial.

En effet, la souveraineté appartient à l'Éternel, et non au peuple comme le prétendent les impies de ce monde. Car le bulletin de vote suscite des protestations, alors que l'élection de Dieu donne satisfaction et éteint les passions. Selon qu'il est écrit: **le sort fait cesser les contestations, et décide entre les puissants.** Proverbes 18 : 18.

On jette le sort sur le pan d'une robe, mais toute décision vient de l'Éternel. Proverbes 16 : 33.

L'oint de l'Éternel est un bon patriote, il aime ses concitoyens, se soucie de leur bien-être et celui de son pays. Il ne lui est pas permis d'avoir un grand nombre de voitures, ni un grand nombre de femmes, afin que son cœur ne se détourne point; il ne doit point faire pour lui-même un grand amas d'argent et d'or (l'enrichissement illicite).

Quand il s'assied sur le trône de son royaume, il doit avoir avec lui, dans un livre, une copie de la loi de l'Éternel, qu'il prendra auprès des sacrificateurs, les serviteurs de Dieu. Il doit l'avoir avec lui et y lire tous les jours de sa vie, afin qu'il apprenne à craindre l'Éternel, son Dieu, à observer et à mettre en pratique toutes les paroles de cette loi et toutes ces ordonnances; pour que son cœur ne s'élève point au-dessus de ses frères, et qu'il ne se détourne de ces commandements ni à droite ni à gauche; c'est ainsi qu'il pourra prolonger ses jours dans son royaume, lui et ses enfants, au milieu de son peuple. (Deutéronome17 : 16-20).

Dieu a voulu que tous les gouvernants soient des hommes et femmes droits; mais ils ont cherché beaucoup de détours en forgeant leurs propres lois au détriment de celles de Dieu. Car la conduite des humains telle que réglementée par Dieu ne plait point aux hommes. C'est pourquoi ils ont vite fait de crucifier sa parole, afin d'imposer la leur. De ce fait, les occidentaux ont retiré la souveraineté au Dieu créateur pour se l'approprier et ont créé la démocratie à l'occidentale qui dit donner la souveraineté au peuple.

Par ce canal ils font parvenir au pouvoir leurs valets africains pour mieux protéger leurs intérêts; et les soutiennent contre vents et marées. Cela se vérifie lors des soulèvements populaires où ces dictateurs s'accrochent désespérément au pouvoir et torpillent leurs constitutions afin de gouverner à vie.

S'il est vrai que c'est le peuple qui décide du sort de ses élus, pourquoi ne démissionnent-ils pas lorsqu'ils sont désavoués? Et lorsqu'ils sont au pouvoir, ils s'autoproclament: *pères de la nation, garants des institutions de la république, chefs suprêmes des forces armées, premiers magistrats, premiers sportifs, premiers citoyens.* Bref, ils sont l'Alpha et l'Oméga et contrôlent tout. Mais ils ne disent jamais qu'ils sont des premiers voleurs de la république avec leurs oligarques, qui font le bonheur des paradis fiscaux.

Le jour que la plupart de ces chefs d'États sont bousculés, ils ramassent jusqu'aux miettes restantes, quittent à la pointe des pieds leur mangeoire, et prennent la clé des champs en véritables irresponsables, laissant à l'abandon les militants qui chantaient leurs louanges.

Jésus-Christ avait-il délaissé ses disciples lors de son arrestation? N'est-ce pas qu'il dit à ses bourreaux: *si c'est moi que vous cherchez, laissez aller ceux-ci!*

Si ces pères de la nation n'ont rien à se reprocher, pourquoi prennent-ils la fuite avec leurs familles? Et pourquoi n'hésitent-ils pas à s'octroyer le statut de citoyen dans leur pays d'accueil, s'ils aiment vraiment leur peuple comme ils le prétendent? Bien au contraire, ils se plaisent à manger paisiblement l'argent de la sueur des contribuables volé et l'utilisent à distance pour inciter les guerres civiles dans l'attente qu'un jour, l'un de leurs partisans monte encore aux affaires, pour peut-être envisager un heureux retour au pays natal.

Quelle honte pour nos Chefs d'États! Un père doit-il se sauver en abandonnant ses enfants à eux-mêmes? En vérité, les gens en Afrique font la politique pour s'enrichir et garantir l'avenir des leurs enfants. C'est pourquoi ils sacrifient des vies pour la sécurité de leurs ventres et pour la gouvernance à vie. Aussi tous les désespérés les courtisent.

Proposition d'une gouvernance collégiale

Dans l'attente de la réunification de l'Afrique, chaque État africain doit mettre sur pieds par référendum un « congrès national », exemple: (CN (Camerounais; Ivoirien; Éthiopien; Sud-Africain; etc.). Ce dernier pourra être composé de vrais patriotes exempts de tout parti politique et sectes pernicieuses, issus de toutes les régions du pays, proportionnellement choisis suivant le nombre d'habitants des tribus, afin de représenter le peuple souverain, ceci après une minutieuse enquête de moralité des candidats à cette élection.

Ce congrès, qui ne doit point se confondre au parlement aura sous sa tutelle: *les finances, la justice, les forces armées et polices, et tous les secteurs sensibles du pays.* Il doit être un organe central de décisions souveraines, de gestion, de censure et de contrôle étatique, ayant le pouvoir de protéger la constitution, de démettre les mauvais gouvernants, d'organiser et de superviser le bon déroulement de toutes les élections libres et transparentes. Ainsi, les chefs d'États africains cesseront de se comporter comme des tout-puissants, au mépris de leurs peuples. Car c'est irréfléchi de laisser le sort des millions de personnes entre les mains d'un seul individu.

L'oint de l'Éternel

Les actions de l'homme qui est prédestiné à la royauté, sont déjà manifestes dès son jeune âge. Quand il est oint, il ne commence pas tout de suite à gouverner; si oui de petits groupes. Mais Dieu le forme d'abord en conséquence, afin de le préparer à être à la hauteur de ses fonctions. Peu importe son niveau d'instruction.

Le roi David passa par cette formation. Son père confia à sa garde le troupeau de ses brebis, il le fit paître avec amour, exposant même sa vie pour ces bêtes, qu'il délivrait de la gueule des lions et de la patte des ours qui tournaient autour.

Après avoir remarqué son dévouement pour son père et son zèle protectionniste pour le troupeau de celui-ci, Dieu décida de l'oindre pour chef de son peuple. Il dit à Samuel: *quand cesseras-tu de pleurer sur Saül? Je l'ai rejeté afin qu'il ne règne plus sur Israël. Remplis ta corne d'huile, et va; je t'enverrai chez Isaïe, Bethléhémite, car j'ai vu parmi ses fils celui que je désire pour roi.* 1Samuel 16 : 1.

Samuel se rendit chez Isaï selon l'ordre de l'Éternel, il se dit, en voyant Eliab: certainement, l'oint de l'Éternel est ici devant lui. Et l'Éternel dit à Samuel: *ne prends point garde à son apparence et à la hauteur de sa taille, car je l'ai rejeté. L'Éternel ne considère pas ce que l'homme considère; l'homme regarde à ce qui frappe les yeux, mais l'Éternel regarde au cœur.* 1Samuel 16 : 6-7.

Pendant que David était auprès du troupeau de son père, Isaï fit passer ses sept fils devant Samuel; et Samuel dit à Isaï: *l'Éternel n'a choisi aucun d'eux.* Puis Samuel dit à Isaï: sont-ce là tous tes fils? Et il répondit; il reste encore le plus jeune, mais il fait paître les brebis. Alors Samuel dit à Isaï: *envoie-le chercher, car nous ne nous déplaceront point qu'il ne soit venu ici.* Isaï l'envoya chercher. Or il était blond, avec de beaux yeux et une belle figure. L'Éternel dit à Samuel: *lève-toi, oins-le, car c'est lui!*

Samuel prit la corne d'huile, et l'oignit au milieu de ses frères. L'esprit de l'Éternel saisit David, à partir de ce jour et dans la suite. Samuel se leva, et s'en alla à Rama.

L'esprit de l'Éternel se retira de Saül, qui fut agité par un mauvais esprit venant de l'Éternel. Les serviteurs de Saül lui dirent: *voici, un mauvais esprit de Dieu t'agite. Que notre seigneur parle! Tes serviteurs sont devant toi. Ils chercheront un homme qui sache jouer de la harpe; et, quand le mauvais esprit de Dieu sera sur toi, il jouera de sa main, et tu seras soulagé.* 1Samuel 16 : 10-16.

Guidé par Dieu, le choix des serviteurs de Saül se porta sur David, l'oint de l'Éternel. David arriva auprès de Saül, et se présenta devant lui; il plut beaucoup à Saül, et il fut désigné pour porter ses armes. Saül fit dire à Isaï: *je te prie de laisser David à mon service car il a trouvé grâce à mes yeux.* Et lorsque l'esprit de Dieu était sur Saül, David prenait la harpe et jouait de sa main; Saül respirait alors plus à l'aise et se trouvait soulagé, et le mauvais esprit se retirait de lui. 1Samuel 16 : 21-23.

C'est de cette façon que David, l'oint de Dieu fut introduit dans le sérail du pouvoir, afin de s'acclimater à la gouvernance.

Lorsque les Philistins vinrent combattre Israël, et que leur gladiateur lançait le défi à tout un peuple, David vit Goliath, qui s'avança entre les deux armées, hors des rangs des Philistins. Il tint les mêmes discours que précédemment, et David les entendit.

A la vue de cet homme, tous ceux d'Israël s'enfuirent devant lui et furent saisis d'une grande crainte. Chacun disait: *avez-vous vu s'avancer cet homme? C'est pour jeter à Israël un défi qu'il s'est avancé! Si quelqu'un le tue, le roi le comblera de richesses, il lui donnera sa fille et affranchira la maison de son père en Israël.*

David dit à Saül: *que personne ne se décourage à cause de ce Philistin! Ton serviteur ira se battre avec lui.* Saül dit à David: *tu ne peux aller te battre avec ce Philistin, car tu es un enfant, et il est un homme de guerre dès sa jeunesse.*

David dit à Saül: *ton serviteur faisait paître les brebis de son père. Et quand un lion ou un ours venait enlever une du troupeau, je courais après lui, je le frappais, et j'arrachais la brebis de sa gueule. S'il se dressait contre moi, je le saisissais par la gorge, je le frappais et je le tuais. C'est ainsi que ton serviteur a terrassé le lion et l'ours, et il en sera du Philistin, de cet incirconcis, comme de l'un d'eux, car il a insulté l'armée du Dieu vivant.*

David dit encore: *l'Éternel, qui m'a délivré de la griffe du lion et de la patte de l'ours, me délivrera aussi de la main de ce Philistin.* David prit en main son bâton, choisit dans le torrent cinq pierres polies, et les mit dans sa gibecière de berger et dans sa poche. Puis, sa fronde à la main, il s'avança contre le Philistin. Le Philistin s'approcha peu à peu de David, et l'homme qui portait son bouclier marchait devant lui. Le Philistin regarda, et lorsqu'il aperçut David, il le méprisa, ne voyant en lui qu'un enfant, blond et d'une belle figure.

Le Philistin dit à David: *suis-je un chien, pour que tu viennes à moi avec des bâtons?* Et, après l'avoir maudit par ses dieux, il ajouta: *viens vers moi, je donnerai de ta chair aux oiseaux du ciel et aux bêtes des champs.*

David dit au Philistin: *tu marches contre moi avec l'épée, la lance et le javelot; et moi je marche contre toi au nom* de l'Éternel des armées, du Dieu de l'armée d'Israël, que tu as insultée.

Aujourd'hui l'Éternel te livrera entre mes mains, je t'abattrai et je te couperai la tête; aujourd'hui je donnerai les cadavres du camp des Philistins aux oiseaux du ciel et aux animaux de la terre. Et toute la terre saura qu'Israël a un Dieu. Et toute cette multitude saura que ce n'est ni par l'épée ni par la lance que l'Éternel sauve. Car la victoire appartient à l'Éternel. Et vous livre entre nos mains.

Aussitôt que le Philistin se mit en mouvement pour marcher au-devant de David, David courut sur le champ de bataille à la rencontre du Philistin. Il mit la main dans la gibecière, prit une pierre, et la balança avec sa fronde; il frappa le Philistin au front, et la pierre s'enfonça dans le front du Philistin, qui tomba le visage contre terre. Ainsi, avec une fronde et une pierre, David fut plus fort que le Philistin; il le terrassa et lui ôta la vie, sans avoir l'épée à la main.

Il courut, s'arrêta près du Philistin, se saisit de son épée qu'il tira de son fourreau, le tua et lui coupa la tête. Les Philistins, voyant que leur héros était mort, prirent la fuite. Et les hommes d'Israël et de Juda poussèrent des cris et allèrent à la poursuite des Philistins jusque dans la vallée et jusqu'aux portes d'Ekron. Les Philistins, blessés à mort tombèrent dans le chemin de Schaaraïm jusqu'à Gath et jusqu'à Ekron.

Et les enfants d'Israël revinrent de la poursuite des Philistins, et pillèrent leur camp. David prit la tête du Philistin et la porta à Jérusalem, et il mit dans sa tente les armes du Philistin. Lorsque Saül avait vu David marcher à la rencontre du Philistin, il dit à Abner, chef de l'armée: *de qui ce jeune homme est-il fils, Abner?* Abner répondit: *aussi vrai que ton âme est vivante, ô roi!* Je l'ignore. Informe-toi donc de qui ce jeune est fils, dit le roi. Et quand David fut de retour, après avoir tué le Philistin, Abner le prit et le mena devant Saül. David avait à la main la tête du Philistin. Saül lui dit: *de qui es-tu fils, jeune homme?* Et David répondit: *je suis fils de ton serviteur Isaï, Bethlehemite.* 1 Samuel 17.

Un roi choisit par Dieu triomphe par l'esprit de Dieu pour la gloire de Dieu et pour l'honneur de son peuple, tandis qu'un roi choisit par l'homme agit par complaisance pour son maître et fait la honte de son peuple.

Cette belle histoire a été produite et écrite pour servir d'exemple aux générations futures de l'Afrique assiégées par des oppresseurs Occidentaux. Car en Afrique, tous les chefs d'États ou presque sont complètement dominés spirituellement et idéologiquement par les colons, qui maintiennent leur peuple sous le joug. Il revient donc à la jeunesse africaine de s'armer de courage et de détermination pour combattre le néo-colonialisme et ses dérivées qui ont élu domicile en Afrique, afin de délivrer leur peuple de l'oppression étrangère. Elle doit placer sa confiance en Dieu; refuser toute compromission, et instaurer une profonde révolution sur le plan moral, social et spirituel afin de réussir. Ne dit-on pas que la jeunesse est le fer de lance de la nation! Si donc ce fer s'émousse face à l'adversité, il ne lui restera que ses yeux pour pleurer. Il n'y aura point d'aurore pour elle.

Si cette jeunesse africaine ne se lève pas comme un seul homme pour frapper du point sur la table, elle sera toujours asservie et leurs richesses seront toujours pillées. Car il y a un temps pour tout sous les cieux. C'est maintenant le temps de mettre fin à l'assujettissement des colons sur elle et de retirer de force leur bouche de la mamelle de leur chère mère Afrique qu'ils sucent sans répit.

L'enseignement que Dieu nous donne au travers d'Israël et des Philistins est le suivant: *Israël c'est l'Afrique en état de siège, et les Philistins sont les dominateurs qui assiègent l'Afrique.*

Saül, le vieux roi d'Israël est le prototype même des rois africains actuels, qui sont impuissants face aux colons et inefficaces auprès de leurs concitoyens. Et le jeune David représente la brave jeunesse africaine qui doit affronter ses oppresseurs.

Dieu avait rejeté Saül parce qu'il avait désobéi à ses ordres et mit sa confiance aux dieux étrangers. De même aussi, Dieu rejette les dirigeants actuels de l'Afrique parce qu'ils ne font aucun cas de ses paroles et se vouent à Satan. Ils s'appuient également sur les colons pour gouverner en leur faveur. C'est la raison pour laquelle Dieu a choisi un jeune homme qui avait une beauté intérieure sans précédent pour faire de lui un véritable héros. Il fera de même avec la jeunesse africaine; c'est elle, qui, sans artillerie, mettra en déroute l'oppresseur avec son grand arsenal.

En ce temps-là, chaque pays d'Afrique chantera comme la nuit où l'on célèbre la fête, ils auront le cœur joyeux comme celui qui marche au son de la flûte, pour aller à la montagne de l'Éternel, vers le rocher d'Israël. Et l'Éternel fera retentir sa voix majestueuse, il montrera son bras prêt à frapper, dans l'ardeur de sa colère, au milieu de la flamme d'un feu dévorant, de l'inondation, de la tempête, et des pierres de grêles. A la voix de l'Éternel, l'Assyrien (oppresseur) tremblera; l'Éternel le frappera de sa verge. A chaque coup de la verge qui lui est destinée, et que l'Éternel fera tomber sur lui, on entendra les tambourins et les harpes; l'Éternel combattra contre lui à main levée. Depuis longtemps, un bûcher est préparé, il est préparé pour le roi, il est profond, il est vaste; son bûcher, c'est du feu et du bois en abondance; le souffle de l'Éternel l'enflamme, comme un torrent de soufre. Ésaïe 30 : 29-33.

Malheur donc à l'assyrien, car ainsi parle l'Éternel: *terre, où retentit le cliquetis des armes, au de-là des fleuves de l'Éthiopie! Toi qui envoies sur mer des messagers, dans des navires de jonc, voguant à la surface des eaux! Allez, messagers rapides vers la nation forte et vigoureuse, vers ce peuple redoutable depuis qu'il existe, nation puissante et qui écrase tout, et dont le pays est coupé par des fleuves. Vous tous, habitants du monde, habitants de la terre, voyez la bannière qui se dresse sur les montagnes, écoutez la trompette qui sonne!* Ésaïe 18 : 1-3.

L'Éternel des armées l'a juré, en disant: *oui, ce que j'ai décidé arrivera, ce que j'ai résolu s'accomplira.* Je briserai l'assyrien dans mon pays, je le foulerai aux pieds sur mes montagnes; et son joug leur sera ôté, et son fardeau sera ôté de leurs épaules. Voilà la résolution prise contre toute la terre, voilà la main étendue sur toutes les nations. L'Éternel des armées a pris cette résolution: *qui s'y opposera?* Sa main est étendue: *qui la détournera?* Ésaïe 14 : 24-27.

Le prix à payer pour la liberté de l'Afrique est que sa jeunesse ne doit point se laisser persuader par ses rois, qui lui diront: *tu ne peux pas résister devant ces colons, comme le fit Saül avec David.* Mais cette jeunesse doit montrer sa fermeté comme David. Et lorsque les gouvernants d'alors verront sa réussite face à ceux qu'ils redoutent, ils resteront éberluer et feront des concessions à cette jeunesse.

C'est ainsi que celle-ci prendra définitivement les rênes du pouvoir en bon berger pour faire paître leurs peuples dans un bon pâturage, en pratiquant une politique économique viable, en gelant les accords de coopération de duperie qui détiennent captive l'Afrique, et en se mettant résolument au travail pour relever ses ruine. Car l'autonomie ne se négocie point, elle s'arrache.

J'invite donc toute la jeunesse africaine à la prise de conscience collective, et j'exhorte tous à tourner le dos à la facilité, à l'injustice, à la corruption, et à la division; afin de s'unir pour former un seul peuple fort et dynamique où la justice, l'amour et le partage régneront en maîtres absolus en s'inspirant du modèle de conduite des enfants d'Israël, lors de leur traversée du désert.

Le communisme dans le capitalisme

Lorsque Dieu fit sortir Israël du pays d'Égypte, il les fit passer par le désert, afin de réformer d'abord leur mentalité. Il leur apprit à vivre du contentement, à s'aimer les uns les autres, à persévérer dans les voies de la justice et à pratiquer l'équité dans les partages.

Il leur donna le pain du ciel pour nourriture dans la terre inculte, et leur dit: *que chacun de vous en ramasse ce qu'il faut pour sa nourriture, un omer par tête, suivant le nombre de vos personnes; chacun en prendra pour ceux qui sont dans la tente.* Les israélites firent ainsi; et ils en ramassèrent les uns plus, les autres moins. On mesurait ensuite avec l'omer; celui qui avait ramassé plus n'avait rien de trop, et celui qui avait ramassé moins n'en manquait pas. Chacun ramassait ce qu'il fallait pour sa nourriture.

La maison d'Israël donna à cette nourriture le nom de manne. Elle ressemblait à de la graine de coriandre; elle était blanche, et avait le goût d'un gâteau de miel.

Moïse dit: *voici ce que l'Éternel a ordonné: qu'un omer rempli de manne soit conservé pour vos descendants, afin qu'ils voient le pain que je vous ai fait manger dans le désert, après vous avoir fait sortir de l'Égypte.*

Et Moïse dit à Aaron: *prends un vase, mets-y de la manne plein un omer, et dépose-le devant l'Éternel, afin qu'il soit conservé pour vos descendants.* Suivant l'ordre donné par l'Éternel à Moïse, Aaron le déposa devant le témoignage, afin qu'il fut conservé. Les enfants d'Israël mangèrent la manne pendant quarante ans, jusqu'à leur arrivée dans un pays habité; ils mangèrent la manne jusqu'à leur arrivée aux frontières du pays de Canaan.

Dieu traite chaque peuple de la terre comme il l'a fait avec les enfants d'Israël. Tous passent premièrement par la servitude et le désert avant d'atteindre la maturité dans la maîtrise de la science.

Les enfants d'Afrique ne sont pas épargnés par ce traitement. Car la servitude de chaque État africain fut la colonisation sauvage. Les colons vinrent en Afrique, s'accaparèrent par la violence de ses territoires qu'ils se partagèrent avec ses richesses, et asservirent les habitants.

Le moment vint où Dieu fit souffler le vent des indépendances, afin de libérer ces peuples de la servitude. Il les mit au désert pour les mener à la terre promise. Il leur donna une manne (les ressources naturelles comme moyens pécuniaires) largement suffisante pour chaque peuple. Mais curieusement, les citoyens de ces États croupissent dans une misère ambiante.

L'argent que génère cette manne prend des destinations que seuls les responsables de ces États connaissent. Le simple citoyen n'a pas le droit de rouspéter, de peur qu'il ne soit taxé de subversif ou d'atteinte grave à la souveraineté de l'État, et condamné à perpétuité aux travaux forcés.

Ces États ont même des avoirs colossaux dans des banques occidentales se chiffrant en plusieurs milliers de milliards de leur faible monnaie, pendant que leurs peuples vivotent. Quelle injustice! Quelle cruauté!

Un bon père de famille peut-il se permettre le luxe de faire les dépôts bancaires pendant que ses enfants n'ont ni nourriture, ni habits, ni chaussures, ou sont malades ou ne vont pas à l'école? Ou bien une bonne mère de famille peut-elle garder une provision de nourriture dans la marmite pendant que les enfants pleurent de famine? Jugez-en vous-mêmes, si cela est convenable. Dieu n'avait-il pas ordonné aux enfants d'Israël de consommer de jour en jour la manne qu'il leur accordait quotidiennement sans rien conserver pour le lendemain?

La méchanceté des tyrans africains dépasse de loin celle des colons. Les colons viennent puiser les trésors en Afrique pour le bien-être de leurs concitoyens; alors que nos tyrans nous martyrisent sans remords. Pour eux Dieu n'existe pas. Ils n'obéissent qu'à leurs gourous et ne jurent que par leur pouvoir.

Or, un bon gouvernant est censé protéger les droits de son peuple, c'est ça la bonne gouvernance. Si la science politique se définit comme étant l'art de savoir conduire les affaires publiques; en Afrique, elle est malheureusement l'art du mensonge, de l'injustice et de savoir détourner les biens publiques; et leurs gouvernants sont des seigneurs au lieu des serviteurs. Pourtant il est écrit: ***le plus grand parmi vous sera votre serviteur.*** Matthieu 23 : 11.

Tous les patriotes africains élevés en dignité doivent réformer leur mentalité et leur manière de gérer la manne donnée par Dieu à leurs peuples. Car le trône s'affermit par la justice et non par la malice. La manne, qu'elle soit pétrolière, gazière, etc., ne doit pas être confisquée par les pouvoirs publics pour servir de près ou de loin à la réalisation des prétendus projets. Mais elle doit servir à assurer le bien-être des populations.

L'argent collecté doit être amassé dans un compte bancaire durant une période bien déterminée. Après laquelle l'État prélèvera l'impôt et taxe. C'est la part qui lui revient de droit pour la bonne marche de la république. Et il procédera au partage équitable de cet argent entre tous ses citoyens vivants, allant du plus petit jusqu'au président de cette république, qu'on soit fonctionnaire ou non. Personne ne doit percevoir plus que l'autre, car c'est la manne que Dieu le Père a donnée gracieusement à tous ses enfants réunis dans un État.

Toutefois, le recensement physique de chaque citoyen se fera très rigoureusement avant toute répartition, et chaque famille campera dans la bannière de son ethnie, afin de barrer la route aux malhonnêtes de tout bord. Cette distribution périodique des revenus de la manne permettra aux villageois, aux cultivateurs, aux chômeurs et aux autres d'entreprendre et d'être autonomes. Elle freinera l'exode massif sous d'autres cieux, et favorisera à coup sûr le développement de chaque localité du pays.

Les États n'auront plus à faire face à un fort taux de chômage. Car chaque citoyen se sentira à l'aise chez lui. Et il y aura moins de braquage, de vol, de soulèvement et de revendication, de guerre civile, de prostitution, etc. Voilà pourquoi Dieu avait demandé à Moïse de conserver le souvenir de la manne, afin que cela serve d'exemple aux générations à venir.

Cette sagesse de bonne gouvernance du peuple vient de l'Éternel et se doit d'être appliquée par les africains. Tout pays qui suivra ponctuellement cette voie de la justice de Dieu sera au-dessus des autres et bénéficiera toujours des bonnes grâces de l'Éternel.

Et lorsque ses ressources naturelles seront entièrement épuisées, l'Éternel le fera entrer dans la terre promise par la porte des inventions. Car tant que ces richesses naturelles surabondent dans nos sols et sous-sols, Dieu ne peut pas nous donner un esprit d'intelligence pour la créativité. Mélanger les ressources actuelles de l'Afrique à l'esprit d'intelligence, c'est donner libre cours au gaspillage.

Or Dieu n'aime point le gaspillage et n'agit qu'en cas de nécessité. Les occidentaux ont l'intelligence, mais sans beaucoup de ressources naturelles. C'est ça la politique de Dieu. Dieu agit toujours en bon Père envers tous ceux qui sont réellement dans le besoin et opère en temps opportun un miracle pour les satisfaire, comme ce fut le cas avec la grande foule qui suivait Jésus-Christ.

Selon qu'il est écrit: *ayant levé les yeux, et voyant qu'une grande foule venait à lui, Jésus dit à Philippe: où achèterions-nous des pains pour que ces gens aient à manger?* Il disait cela pour l'éprouver, car il savait ce qu'il allait faire. Philippe lui répondit: *les pains qu'on aurait pour deux cents deniers ne suffiraient pas pour que chacun en reçût un peu.*

Un de ses disciples, André, frère de Simon Pierre, lui dit: *il y a un jeune garçon qui a ici cinq pains d'orge et deux poissons; mais qu'est ce que cela pour tant de gens?* Jésus dit: *faites-les asseoir, il y avait dans ce lieux beaucoup d'herbes, ils s'assirent donc, au nombre d'environ cinq mille hommes.*

Jésus prit les pains, rendit grâces, et les distribua à ceux qui étaient assis; il leur donna de même des poissons autant qu'ils en voulurent. Lorsqu'ils furent rassasiés, il dit à ses disciples: *ramassez les morceaux qui restent, afin que rien ne se perde.*

Ils les ramassèrent donc, et ils remplirent douze paniers avec les morceaux qui restèrent des cinq pains d'orge, après que tous eurent mangé. Ces gens, ayant vu le miracle que Jésus avait fait, disaient: *celui-ci est vraiment le prophète qui doit venir dans le monde.* Jean 6 : 5-14.

Dans ce passage de l'Écriture, Dieu enseigne d'abord aux leaders à marcher par la foi. Il les met à l'épreuve devant le peuple qu'ils gouvernent. Il ne faut pas qu'ils soient pessimistes comme Philippe; mais ils doivent surtout mettre leur confiance en Dieu comme André en comptant sur son aide pour pourvoir aux besoins du peuple. Quand bien même la manne du pays sera présentement insuffisante, Dieu lui-même sait ce qu'il faudra faire pour soulager tout le monde.

La mission du leader consistera donc à instaurer le partage périodique de la manne à tout son peuple, et Dieu se chargera de la multiplier miraculeusement. Lorsque le peuple mangera et se rassasiera de cette manne, il glorifiera le Dieu pourvoyeur et croira en lui. Et ils s'attacheront indéfectiblement à leur chef à cause de sa justice et de sa bienveillance pour eux.

Voilà un plan de lutte très efficace contre la pauvreté préconisé par le Dieu créateur; car toute Écriture est inspirée de Dieu et utile pour enseigner, pour convaincre, pour corriger, pour instruire dans la justice, afin que l'homme de Dieu soit accompli et propre à toute bonne œuvre. 2 Timothée 3 : 16-17.

Il suffit pour cela d'un peu de bonne volonté de la part des dirigeants africains pour affranchir leurs citoyens de la précarité. Du reste, refusons aussi de rester paresseusement assis sur le fauteuil de consommateur que nous occupons, pour apprendre à produire et à consommer le fruit de nos propres efforts. Car le fait de nous plaire aux grosses cylindrées, aux costumes somptueux, à la brocante de tout genre et à tous les produits d'outre-mer, nous maintient continuellement sous la dépendance économique et politique des occidentaux et des asiatiques.

Un proverbe africain dit: ***une femme qui aime à se nourrir dans la marmite de sa voisine ne prépare jamais chez elle.***

N'est-ce pas vrai?

CONCLUSION

Pour devenir réellement indépendante des autres, que toute l'élite africaine du continent et de la diaspora *(les intellectuels, les mathématiciens, les scientifiques, les ingénieurs, les physiciens, les chimistes, les électroniciens, les artisans, les hommes habiles, les techniciens talentueux de tout bord, les riches et les hommes spirituels)* se donnent une main d'association, et travaillent avec audace pour l'avenir de leur continent, et se lient par alliance avec Jésus-Christ pour qu'il commence à éclairer leur intelligence obscurcie. Qu'ils se mettent ensemble pour envisager des créations et des inventions made in Africa!

Car Dieu aime l'union, selon qu'il est écrit: ***voici, oh! Qu'il est agréable, qu'il est doux pour des frères de demeurer ensemble! C'est comme l'huile précieuse qui,*** *répandue sur la tête, descend sur la barbe, sur la barbe d'Aaron, qui descend sur le bord de ses vêtements. C'est comme la rosée de l'Hermon, qui descend sur les montagnes de Sion; car c'est là que l'Éternel envoie la bénédiction, la vie, pour l'éternité.* Psaumes 133.

Sans le Christ, cela s'avère impossible, car il est écrit : *sans moi, vous ne pouvez rien faire.* Jean 15 : 5.

Que les pouvoirs publics donnent les moyens financiers adéquats aux citoyens qui osent faire les œuvres d'esprit !

Que les écoles de formation soient rigoureuses !

Que tous les États africains accordent la double nationalité à leurs ressortissants afin de les encourager à revenir investir chez eux !

Que les industries se créent et que la corruption disparaisse complètement de nos mœurs !

Que l'argent volé et soigneusement gardé dans les paradis fiscaux soit rapatrié !

Que les intérêts égoïstes des uns et des autres prennent fin et laissent place à l'intérêt général !

Que tous les peuples d'Afrique fassent comme les USA, qui, pour échapper à ses multiples colonisateurs se réunirent et firent front commun !

Que le Congrès Fédéral Africain (CFA) soit formé, afin que ses dirigeants, cessent d'être les marionnettes des occidentaux!

Que cette nation ait une seule langue de communication et sa propre monnaie d'échange!

Que la bonne gouvernance s'installe dans son administration, et que tous ses citoyens soient un peuple de vrais patriotes!

Que toute la diaspora africaine du monde (du plus nanti au plus démuni) s'organise et créée un Fond d'Investissement de la Diaspora Africaine (FIDA) où chacun cotisera annuellement sous forme d'actions, un minimum de deux milles dollars US pour la création: *des multinationales, des consortiums et des usines en Afrique!* Avec bien sûr le soutien de tous les chefs d'États africains!

Ceci pour leur intérêt d'abord, ensuite pour combattre le chômage endémique existant. Ainsi l'élite intellectuelle africaine de la diaspora pourra à son tour consentir des efforts et se sacrifier pour sauver l'honneur de leur terre natale en revenant mettre au profit de leurs frères, les compétences qu'ils ont acquises par tout ailleurs. En ce temps-là, notre cher continent cessera d'être un dépotoir de mauvais produits importés çà et là; et sortira enfin des sentiers battus pour rivaliser avec les autres continents. Ses enfants ne seront plus exposés à l'opprobre.

Levons-nous donc comme un seul homme et bâtissons cette nation. Agissons avant qu'il ne soit trop tard, et ne continuons pas de rêver d'une Afrique prospère en laissant désespérément son sort entre les mains des investisseurs étrangers, qui ne s'y intéressent même pas, sans rien faire nous-mêmes.

Que le Seigneur de miséricorde donne le vouloir et le faire aux âmes de bonne volonté soucieuses de l'avenir de l'Afrique! Amen!

www.ingramcontent.com/pod-product-compliance
Lightning Source LLC
Chambersburg PA
CBHW071145090426
42736CB00012B/2236